MIGUE

JESÚS

El hombre que desafió al mundo y
confronta tu vida

ESPAÑOL

NASHVILLE, TENNESSEE

B&H Publishing Group
Nashville, TN 37234

Clasificación Decimal Dewey: 232
Clasifíquese: JESUCRISTO\CRISTIANISMO\VIDA CRISTIANA

ISBN: 978-1-4627-9268-9

Impreso en EE. UU.
2 3 4 5 6 7 8 * 22 21 20 19 18

A mi esposa Cathy,
por todo el tiempo sacrificado para que yo
pueda servir al Señor y a Su causa con toda libertad.
Su apoyo, muchas veces tácito, ha tenido un valor
incalculable en mi vida.

A nuestra congregación,
cuyas oraciones han sido sentidas en repetidas
ocasiones y quienes han servido de inspiración continua
a mi ministerio para que finalmente comenzara a poner
por escrito lo que ellos han recibido como enseñanza.

CONTENIDO

Prólogo

A LA TERCERA EDICIÓN

Desde que este libro salió a la luz la primera vez, se agregaron cinco capítulos para presentar una imagen más completa del personaje: Jesús. Podríamos escribir durante meses y meses sobre la persona más importante de la historia de la humanidad y aún así no alcanzaríamos a cubrir todo lo que hay para decir en cuanto a Su relevancia.

Al ampliar este libro, no intentamos ser exhaustivos porque ese no es el propósito de una publicación como esta, pero sí deseamos, en aquella segunda edición, abordar temas que consideramos vitales para el lector serio que de verdad quiere comprender la persona y la misión de Jesús de una manera más pulida.

En la segunda edición, logramos incorporar dos capítulos muy importantes: Jesús, el hombre que confronta tu vida y Jesús, el hombre que desafió al mundo. Con aquel nuevo material procurábamos mostrar de qué manera las enseñanzas de Jesús confrontan el pecado del hombre y ponen en evidencia las diferentes manifestaciones de ese pecado que es nuestro egocentrismo, nuestra tendencia a la megalomanía y nuestra ceguera espiritual hacia nuestros propios pecados, pero no hacia los pecados ajenos.

Del mismo modo, las enseñanzas de Jesús no solo representaron un desafío para el judaísmo distorsionado de

Su época, sino también para el mundo secular de Sus días y aun de nuestro tiempo. Sus palabras confrontaron no solo el legalismo de los fariseos y las aspiraciones de poder de los saduceos, sino también el poder político de Pilato y Herodes. Jesús jamás tuvo aspiraciones políticas, porque como Él mismo lo dijo, Su reino no es de este mundo. Pero cuando Jesús vino a nosotros, Él encarnó la verdad y, con esa verdad, infundió nuestro mundo con moralidad. Dios ya había revelado Su carácter santo y justo durante la época del Antiguo Testamento; pero en Jesús, Dios expandió el entendimiento de esa verdad que Él representa y lo acercó a nosotros aún más, hasta el punto que el mundo ahora no tiene la menor excusa. La revelación general de la existencia de Dios, puesta de manifiesto en la creación y en la conciencia del hombre, ahora se completó por medio de la revelación especial en la persona de Jesús.

En esta tercera edición, hemos agregado tres capítulos más. Uno sobre «La expiación de Cristo», otro, titulado «Jesús frente a la tentación» y un tercero, con el tema, «Jesús, el hombre que lo merece todo». Estos tres capítulos eran imprescindibles para completar la idea que como autor he querido transmitir. Entender la expiación de Cristo es entender nuestra salvación. Entender la razón por la que Jesús tuvo que ir a la cruz y de qué forma Él pagó nuestra deuda con Dios y cómo murió en nuestro lugar, nos motiva a amarlo y, por tanto, a obedecerle por las razones correctas. Un segundo capítulo sobre la tentación de Jesús que nos enseña acerca de nuestro corazón y cómo enfrentar nuestras tentaciones con nuestras debilidades.

Por ese motivo hemos agregado el capítulo titulado «Jesús, el hombre que lo merece todo». No es que Jesús lo demanda todo como lo hace un dictador, sino que Él lo merece todo como lo merece un Dios infinitamente bondadoso y compasivo. Jesús pudo haber pasado el resto de la eternidad en compañía de Su Padre y del Espíritu Santo. Sin embargo, la Trinidad decidió compartir todas las riquezas en gloria con el ser humano, creado a Su imagen y semejanza. Pero hacer eso requería un camino de acceso al reino de los cielos, y Jesús construyó ese camino con Su vida.

Cuando entiendas hasta dónde llegó el Hijo para abrir ese acceso a Dios, no tendrás ninguna objeción en entregarle todo tu ser.

Te invito a que transites por las páginas de este libro y descubras al Jesús que aún necesitas conocer por aquello por lo que Él se ha revelado.

Miguel Núñez

INTRODUCCIÓN

Mucho es lo que se ha escrito respecto de la persona de Jesús. Algunas obras son bien extensas con una gran cantidad de contenido teológico, pero de índole poco práctica para aquellos que no han seguido una carrera académica. Otras han sido escritas desde una perspectiva tan sencilla que muchos son los que se quedan esperando conocer más de aquella persona que cambió para siempre la historia de la humanidad.

Esta pequeña obra ha sido concebida tratando de satisfacer toda mente ávida de saber más sobre Jesús, con un enfoque teológico, pero a la vez práctico y resumido. No es nuestra intención ser exhaustivos en el análisis de Su persona, sino presentar de forma sencilla las características, los atributos, los oficios y las funciones de la segunda persona de la Trinidad, así como sus implicaciones en la vida del creyente.

Creemos que muchos creyentes no llevan una vida cristiana consagrada porque no tienen un verdadero conocimiento de la persona hacia la cual apunta todo el Antiguo Testamento y sobre quien gira toda la revelación del Nuevo Testamento. La tendencia en los últimos años ha sido la de humanizar tanto a Jesús que se ha perdido la reverencia por Su santidad y Su señorío sobre nuestras vidas. Esto, obviamente, ha tenido un efecto enorme sobre la vida del cristiano de hoy y sobre la vida de la Iglesia como cuerpo de Cristo.

Cuando Jesús se encarnó no lo hizo para hacer a Dios más

liviano o más aceptable, sino para revelarlo; tampoco lo hizo para bajar a Dios de Su trono, sino para subir al hombre hasta Su presencia. La santidad que sobrecogió al profeta Isaías en el momento que tuvo su encuentro con Dios (Isa. 6:1-8) fue la misma santidad a la que fue expuesto Pedro cuando, después de una gran pesca, se percató de su falta de fe y le dijo a Cristo: «Apártate de mí, Señor, porque soy hombre pecador» (Luc. 5:7-9, RVR1960). Y es esa misma santidad la que debiéramos reverenciar hoy.

A través de las páginas de este libro queremos ver a Jesús desde múltiples ángulos para tener una idea más acabada del Jesús compasivo que no quiso condenar a la mujer tomada en pleno acto de adulterio, pero que al mismo tiempo es el mismo Jesús que se aíra al entrar al templo y ver cómo se había violado la santidad de la casa de Su Padre. Juan, el evangelista, define a Jesús como alguien que vino lleno de gracia y de verdad. Es esa gracia lo que lo mueve a la compasión, y es esa verdad lo que lo mueve a hacer juicio.

Esperamos que, al final del estudio de este libro, puedas quedar tocado de manera profunda por la persona por medio de quien y para quien se creó todo cuanto existe, y que mediante lo que aprendas en estas páginas puedas darle a Jesús el lugar que verdaderamente le corresponde.

PARTE I

CAPÍTULO 1

LA IMPORTANCIA DE CONOCER A LA PERSONA DE JESÚS

«Es una indicación de Su importancia, de la influencia que Él ha tenido en la historia y probablemente para el misterio incomprensible de Su naturaleza, que ninguna otra criatura haya producido tan formidable volumen de literatura en tantos pueblos e idiomas, y que la corriente, lejos de descender, continúe ascendiendo».

KENNETH S. LATOURETTE

Ningún otro personaje de la historia ha suscitado tanta controversia como la persona de Jesús. Para una gran parte de la humanidad, Jesús fue Dios hecho hombre, pero para otros no fue más que un profeta o un gran maestro, o quizás otro más de los iluminados hombres del pasado. Independientemente de cuál sea el veredicto sobre quién fue este hombre, lo cierto es que ningún otro personaje de la historia ha influenciado y cambiado tanto el rumbo de la humanidad como Él lo hizo. Él es el centro de toda la revelación bíblica, y es esa Biblia la que después de 2000 años de historia ha sobrevivido las peores persecuciones y hoy por hoy continúa siendo el libro más vendido de todos los años. Las estadísticas nos dicen que no hay ningún otro personaje de la historia sobre el cual se hayan escrito tantos libros como ha ocurrido con el personaje Jesús. Estas estadísticas incluyen los 114 millones de volúmenes que componen la biblioteca del Congreso de los Estados Unidos.

Veinte siglos han pasado desde que Jesús fuera crucificado en la ciudad de Jerusalén por haberse proclamado Dios. A la hora de Su muerte, Pilato y Herodes no encontraron evidencia para incriminarlo (Luc. 23:14-15), pero aun así no se atrevieron a ir en contra de la multitud que clamaba por Su sangre. El ladrón en la cruz lo confesó como Dios (Luc. 23:39-43); y el centurión, al pie de la cruz, lo consideró inocente (Luc. 23:47).

Tres días después de Su muerte, Su tumba fue encontrada vacía y desde entonces, como decía alguien, la tumba vacía ha estado diciendo a la historia: «Trata de borrar este acontecimiento»; a la filosofía le dice: «Trata de explicar este suceso»; y a la ciencia: «Trata de duplicar este acontecimiento». Con el transcurrir de los años, la arqueología ha puesto de relieve más evidencias que apuntan hacia la autenticidad de la persona de Jesús, y hoy más que nunca «las piedras verdaderamente han hablado».

Tres razones importantes para estudiar y conocer la persona de Jesús

1. Jesucristo es la piedra angular (Hech. 4:11-12)

En el pasado, los constructores solían colocar una piedra que sirviera como punto de referencia para colocar las demás al iniciar la construcción de un edificio. Esta era conocida como la piedra angular. Jesús es llamado en la Biblia la piedra angular no solo porque toda la creación depende de Su persona, sino también porque toda la obra de redención apunta hacia Él. Hebreos 1:3 dice que Él «sostiene todas las cosas por la palabra de su poder», y Gálatas 3:24 dice que la ley fue el «ayo para conducirnos a Cristo». Él es el centro de la revelación bíblica.

Un ayo, según el Diccionario de la Real Academia de la Lengua Española, es un hombre encargado en algunas casas de custodiar niños o jóvenes y de cuidar de su crianza y educación. La ley sirvió para «cuidar» y guiar al hombre hasta que la plenitud de los tiempos llegara trayendo al Hijo de Dios a libertarnos del pecado.

Nuestra salvación depende, de manera completa, de los méritos alcanzados por Él en favor nuestro durante Su vida y finalmente con Su muerte en la cruz. Su resurrección garantiza nuestra resurrección en el futuro, y es Su resurrección que garantiza el cumplimiento de las promesas de Dios Padre para con Sus hijos. Por eso dice Pablo en 2 Corintios 1:20 que todas las promesas son sí (o amén) en Cristo. Como la piedra angular, es además el único camino de salvación como Él mismo revelara. Esa es la razón por la que todo el Antiguo Testamento apunta hacia Su nacimiento y todo el Nuevo Testamento gira alrededor de Su vida, muerte y resurrección.

2. Conocer a Jesús es conocer a Dios (Juan 14:8; Col. 1:15)

Dios quiere que lo conozcamos y quiere relacionarse con Su pueblo. Por esa razón se ha revelado por medio de los profetas y de Su Palabra. Pero en los últimos tiempos, lo ha hecho de manera muy particular mediante Su Hijo Jesús (Heb. 1:1-2). Quien conoce a Jesús conoce a Dios.

El sueño de todo varón judío era poder ver a Dios cara a cara. Moisés hizo esa petición a Dios: «Te ruego que me muestres tu gloria», a lo cual Dios respondió: «No puedes ver mi rostro; porque nadie puede verme, y vivir» (Ex. 33:18,20). Pero cuando Jesús se encarna y viene a revelar al Padre, el hombre tuvo la oportunidad de ver a Dios cara a cara, pero hasta teniéndolo frente a frente lo rechazó, porque el problema del hombre es que ama más las tinieblas que la luz (Juan 3:19); él ama más el pecado que la verdad de Dios.

3. El Padre quiere hacernos a la imagen de Su Hijo Jesús (Rom. 8:29)

Si el Padre quiere hacernos a la imagen de Su Hijo, es lógico pensar entonces que tenemos que conocer primero la persona de Jesús si hemos de parecernos a Él. Su forma de pensar, de hablar, de reaccionar; en fin, su modo de vivir ha de ser el modelo que cada cristiano debe seguir. Hoy no tenemos físicamente a Su persona, pero tenemos el relato que el Espíritu Santo inspiró para que los que viviéramos después de Su muerte pudiéramos conocerlo y seguirlo.

Lo que hoy se conoce de la persona de Jesús se debe principalmente a la descripción que cada evangelista hiciera acerca de Su vida y de Sus hechos. Cada uno escribió desde una perspectiva distinta y teniendo en cuenta una «audiencia» específica. Por lo tanto, cada cual enfocó los aspectos de Su vida que para él fueron más relevantes. El siguiente cuadro comparativo establece la diferencia entre los cuatro evangelistas, conforme a su enfoque y a la audiencia a la cual estuvo dirigido su Evangelio.

EVANGELISTA	AUDIENCIA PRINCIPAL	ENFOQUE/ÉNFASIS
Mateo	Los judíos	Cristo como rey
Marcos	Los romanos	Cristo como siervo
Lucas	Los griegos	Cristo como hombre
Juan	Universal	Cristo como Dios

Jesús es mejor conocido como hombre que como Dios, tal vez por el énfasis que se ha hecho sobre Su identificación con las debilidades humanas. Pero Jesús no fue solo un hombre, sino que al mismo tiempo era Dios. Por otro lado, la razón de Su paso por la tierra tuvo como motivación primera Su misión de Salvador, pero a Su paso por la tierra fue además siervo, maestro, profeta, sacerdote y rey.

El objetivo de este estudio es presentar a Jesús desde ángulos diferentes, haciendo uso de manera principal del Evangelio de Juan porque es el que más destaca Su divinidad y usando el resto de la Escritura para ampliar y clarificar cuando sea necesario.

Aun si no fuéramos cristianos es impresionante y digno de estudiar un hombre que…

- habiendo nacido en un lugar remoto del Oriente Medio,
- sin haber viajado nunca más de 300 kilómetros de su lugar de origen,
- sin haber asistido nunca a una universidad y
- sin haber escrito nunca un libro...

... sea el hombre que más haya impactado a la humanidad y que haya dividido el tiempo y la historia hasta el punto de que el mundo hoy se vea forzado a hablar de antes de Cristo (a.C.) y después de Cristo (d.C.)

«La Enciclopedia Británica usa veinte mil palabras para hablar de Jesús y nunca insinúa que Él no existiera. Esto es más de lo que la Enciclopedia Británica usa para describir las vidas de Aristóteles, Alejandro el Grande, Cicerón, Julio César o Napoleón Bonaparte...».[1]

---

1. Citado en Paul L. Tan, *Encyclopedia of 7,700 Illustrations* [Enciclopedia de 7700 ilustraciones] (Rockville: Assurance Publishers, 1990).

CAPÍTULO 2

JESÚS COMO DIOS

«Nunca irá al cielo a menos que esté preparado para adorar a Jesucristo como Dios».

CARLOS H. SPURGEON

El sentido de identidad es importante para el ser humano porque habla de su procedencia, linaje, cultura y puede incluso definir su función y hasta su esencia misma. Aquello que identifica al hombre es su carta de presentación ante el mundo y la sociedad que rodea al individuo. Sin embargo, alguien puede revelar una identidad sin ser la persona que dice ser, pero la forma como esa persona vive tiende a confirmar o negar lo que esa persona realmente es.

Jesús en más de una ocasión se reveló en la tierra como Dios y en múltiples ocasiones lo demostró con hechos y atributos personales que solo Dios tiene. Su divinidad se encuentra revelada en la Biblia mediante las afirmaciones que Él mismo hizo de sí mismo, así como en los hechos que de forma verdadera demostraron que Él era el Hijo de Dios y Dios mismo.

Pruebas de la divinidad de Jesús

I) Sus atributos
II) Sus nombres
III) Sus afirmaciones de sí mismo

I) Sus atributos (cualidades que solo Dios posee)

Los atributos de una persona son expresiones de lo que ella es en su esencia. Basta con ver algunos de los atributos de Jesús para entender que verdaderamente Él era Dios hecho hombre.

Eternidad: la definición misma de Dios implica que Él es un ser eterno, de manera que nunca ha habido un momento en que Dios no haya estado presente. Nadie creó a Dios; Él siempre ha existido. Cualquier ser creado es criatura, pero Dios es creador. Esto abarca también a la segunda persona de la Trinidad precisamente por ser Dios (Isa. 9:6; Juan 1:1; Juan 17:5). En Apocalipsis 1:17b-18, Cristo mismo atestigua acerca de Su eternidad.

Apocalipsis 1:17b-18: «No temas, yo soy el primero y el último, y el que vive, y estuve muerto; y he aquí, estoy vivo por los siglos de los siglos, y tengo las llaves de la muerte y del Hades».

Omnipresencia: la omnipresencia implica que no existe lugar en el universo que Su presencia no llene. Cristo en Su humanidad durante Su paso aquí en la tierra estuvo en un lugar a la vez, pero en Su divinidad su mente seguía penetrando cada rincón del espacio físico. La siguiente cita nos habla de su capacidad de estar en más de un lugar a la vez.

Mateo 18:20: «Porque donde están dos o tres reunidos en mi nombre, allí estoy yo en medio de ellos».

Omnisciencia: es la habilidad de conocerlo todo de forma simultánea e instantánea, pero es más que eso. Es la capacidad de conocer el final desde el principio, de conocer hoy lo que va a ocurrir mañana y de conocer todo lo que fue, lo que pudo haber sido y lo que podría ser en el futuro. En esencia, ser omnisciente implica conocer todas las posibilidades y todas las eventualidades desde la eternidad. Es conocerlo todo desde siempre. El siguiente es un texto que habla de este atributo en la persona de Jesús.

Lucas 6:8: «Pero Él sabía lo que ellos estaban pensando, y dijo al hombre que tenía la mano seca: Levántate y ven acá. Y él, levantándose, se le acercó». Ver también Mateo 16:21 y Juan 4:29, donde podemos comprobar este atributo en la persona de Jesús.

Omnipotencia: esto implica que Dios no tiene limitaciones en cuanto a lo que Él quiera hacer. Él es capaz de hacer con Su creación, y dentro de Su creación, todo cuanto Él desee. Las únicas limitaciones que Dios puede tener son aquellas relacionadas con Su carácter. Por ejemplo, Dios no puede mentir; Dios no puede pecar porque ni siquiera puede ser tentado.

Jesús demostró Su omnipotencia en múltiples ocasiones. Cada uno de Sus milagros puso en evidencia Su poder sobre todo lo creado.

En Mateo 28:18, Jesús afirma que toda autoridad le ha sido dada en el cielo y en la tierra, y en Juan 11:38-44 vemos cómo ante el mandato de Su voz Lázaro es vuelto a la vida. El ejercicio del poder sobre la muerte es evidencia de Su omnipotencia. En Apocalipsis 1:8, Él es llamado el Todopoderoso.

Inmutabilidad: Dios no cambia; Él es el mismo ayer, hoy y siempre. Él no es afectado por el tiempo ni por el espacio. Dios vive en un presente continuo. La Palabra atestigua esto con relación a la persona de Jesús.

Juan 8:58: «Jesús les dijo: En verdad, en verdad os digo: antes que Abraham naciera, yo soy».

Hebreos 13:8: «Jesucristo es el mismo ayer y hoy y por los siglos».

Dentro de Sus atributos ejerció funciones que solo Dios puede realizar

El ser dador de vida: Él tiene vida en sí mismo y Él puede darla a otros.

Juan 5:21: «Porque así como el Padre levanta a los muertos y les da vida, asimismo el Hijo también da vida a los que Él quiere».

Juan 5:26: «Porque así como el Padre tiene vida en sí mismo, así también le dio al Hijo el tener vida en sí mismo».

El poder de existencia en sí mismo es un atributo exclusivo de Dios. En inglés esto es conocido como «the aseity of God» o la «aseidad» de Dios, según algunos lo traducen. Dios es independiente de toda Su creación; Él es autosuficiente en sí mismo.

El juzgar a todo el mundo: Dios Padre le ha confiado al Hijo esta responsabilidad, hasta el punto de que la Palabra afirma que todos compareceremos ante el tribunal de Cristo para rendir cuentas de todo lo que hayamos hecho (2 Cor. 5:10).

Juan 5:22,27: «Porque ni aun el Padre juzga a nadie, sino que todo juicio se lo ha confiado al Hijo [...] y le dio autoridad para ejecutar juicio, porque es el Hijo del Hombre».

El perdonar el pecado: esta es una función que solo puede llenar aquel que tenga el estándar absoluto de la verdad y el poder de juzgar; Cristo tiene ambas cosas.

Lucas 5:20: «Viendo Jesús la fe de ellos, dijo: Hombre, tus pecados te son perdonados».

II) Sus nombres

Para el pueblo judío, el nombre de una persona era muy importante porque con frecuencia representaba su identidad. De esta forma, los nombres de Jesús reflejan Su divinidad. Veamos:

Adonai: implica supremo Señor y es un nombre asignado a Cristo desde el Antiguo Testamento. El Salmo 110:1 expresa: «Dice el SEÑOR a mi Señor: Siéntate a mi diestra, hasta que ponga a tus enemigos por estrado de tus pies».

Cada vez que la palabra SEÑOR aparece escrita por completo en mayúscula, en La Biblia de las Américas, está traduciendo la palabra Jehová. En el original, este texto dice lo siguiente: «Dice Jehová (el Padre) a Adonai (el Hijo), siéntate a mi diestra...». El Hijo recibe un nombre (Adonai) solo aplicable a Dios.

Emmanuel: este nombre fue anunciado por el profeta Isaías (Isa. 7:14) y confirmado en Mateo 1:23, donde se nos dice que este nombre significa Dios con nosotros.

Dios y Señor: Cristo se le aparece a Tomás para convencerlo de su incredulidad y, al verlo, Tomás lo confiesa como Dios y Señor porque llegó a comprender finalmente que Cristo no era solo el Mesías, sino que era Dios mismo (Juan 20:28).

Rey de reyes y Señor de señores: título que exalta a Cristo a la posición de Dios porque el rey es el único que puede sentarse en el trono (Apoc. 19:16).

Alfa y Omega: estas son la primera y la última letra del alfabeto griego. Este nombre hace referencia a Su eternidad y a Su infinitud, atributos que solo Dios puede tener (Apoc. 1:8).

III) Sus afirmaciones de sí mismo

Jesús afirmó todo el tiempo que Él era Dios. Este tema lo trataremos en un capítulo aparte (ver el capítulo 10), por tratarse de algo tan fundamental para la divinidad de Jesús.

La divinidad de Jesús en el Evangelio de Juan

De los cuatro evangelistas, Juan es quien más destaca la divinidad de Jesús, y es por esa razón que el apóstol inicia su Evangelio estableciendo la identificación de Jesús como Dios.

«En el principio existía el Verbo, y el Verbo estaba con Dios, y el Verbo era Dios» (Juan 1:1).

a) ¿A qué principio se refiere Juan en este versículo?

Juan inicia su Evangelio con la frase: **«En el principio»** y el relato bíblico del Libro de Génesis abre con una frase idéntica: **«En el principio».** Luego el texto del Génesis continúa diciendo: «creó Dios los cielos y la tierra». Esta comparación es importante porque mientras que Génesis habla de que Dios (*Elohim*) fue quien creó los cielos y la tierra, Juan 1:3 establece a Cristo como la persona a través de quien fue creado todo el universo, lo que nos ayuda a entender que la frase «en el principio» de Juan 1:1 hace referencia a los comienzos de la creación a la que alude Génesis 1:1. Juan hace esta introducción tratando de establecer que Jesús siempre ha existido y que en el momento de la creación Él estaba presente junto al Padre participando de la creación misma, tal como lo explica el versículo siguiente:

«Todas las cosas fueron hechas por medio de Él, y sin Él nada de lo que ha sido hecho, fue hecho» (Juan 1:3).

b) ¿Cuál es la verdadera identidad del Verbo?

En cuanto a la identidad del Verbo, Juan 1:14, nos dice que «el Verbo se hizo carne». De forma clara esto nos deja ver a quién se refiere la palabra Verbo: a la persona de Jesús. Haciendo un ejercicio de sustitución de la palabra Verbo por el nombre Jesús, Juan 1:1 podría leerse de esta forma:

«En el principio existía Jesús, y Jesús estaba con Dios, y Jesús era Dios».

En el original, el vocablo Verbo es *Logos*. Logos en el idioma griego significa 'La Palabra'. Esta era una expresión o un nombre que los judíos llegaron a usar para referirse a Dios mismo y, por tanto, cuando Juan habla de que Jesús era el Verbo o Logos, no estaba usando una palabra que fuera extraña para la mente hebrea, y de hecho era una expresión que ellos habían aprendido a usar en relación con Dios. Lo que aconteció en aquel entonces fue que los judíos trataban de evitar el uso de la palabra Jehová porque entendían que este era el nombre de Dios que no podía ser usado en vano. De acuerdo a las enseñanzas de los rabinos, el cuarto mandamiento de la ley de Dios protegía la santidad del nombre con el cual Dios se reveló a Moisés... el nombre «Yo Soy» traducido a nuestro lenguaje como Jehová. Por tanto, ellos preferían usar otros nombres como **Adonai, Hashem, el Santo,** entre otros, cada vez que tenían que pronunciar o incluso escribir el nombre Jehová. En ese sentido creemos interesante mencionar que en uno de los Tárgumes,[2] en el texto de Éxodo 19:17, el nombre 'Dios', es sustituido por la frase, «la palabra (logos) de Dios». En esencia, el

---

2. Ver Leon Morris, *Reflections on the Gospel of John* [Reflexiones sobre el Evangelio de Juan], Vol. 1 (Grand Rapids: Baker Book House, 1986), 5.

texto del Éxodo en ese Tárgum dice lo siguiente: «Entonces Moisés sacó al pueblo del campamento para ir al encuentro con la palabra (logos) de Dios y ellos se quedaron al pie del monte». Esto muestra, como bien señala Leon Morris en su comentario sobre el Evangelio de Juan, que donde los Tárgumes estaban siendo usados «**la palabra**» era un término conocido para referirse a la divinidad. Los Tárgumes eran en sus inicios la traducción del Antiguo Testamento en hebreo al idioma arameo. Cuando el pueblo se fue a Babilonia con el exilio, el idioma hebreo prácticamente desapareció de en medio del pueblo y fue sustituido por el arameo.

Por eso, no es extraño que Juan usara este término tratando de identificar a Jesús con Dios. Por otro lado, para los filósofos estoicos, **el Logos** era el principio o la fuerza que gobernaba el universo y que le daba coherencia. Por lo tanto, incluso para el mundo secular, la palabra *logos* no era del todo desconocida. Los filósofos griegos consideraban el espíritu como algo puro y el cuerpo como algo pecaminoso. Por lo tanto, para estos filósofos era inconcebible el hecho de que «El Logos» pudiera hacerse hombre porque de esa forma contaminaría su esencia misma. El Logos para ellos, y de acuerdo con su filosofía, era un principio que no podía ser conocido por el hombre.

Algunos en el pasado llegaron a pensar que Juan al escribir que: «el Verbo se hizo carne, y habitó entre nosotros», estaba tratando de comunicarles a los estoicos que eso que ellos consideraban una fuerza, no era una fuerza, sino una persona, y que eso que ellos consideraban no conocible se dio a conocer cuando se hizo carne. Esa era la respuesta de Juan a la doctrina filosófica de los estoicos, según esta posición. Más recientemente, muchos han descartado que esa fuera la intención de Juan al escribir este texto.

Por otro lado, Juan comienza su Evangelio diciendo esto: «En el principio era el Verbo, y el Verbo era **CON** Dios, y el Verbo era Dios» (RVR1960). La palabra traducida aquí como «con» en griego es el vocablo *pros* que, de acuerdo con muchos autores, significa una unión de intimidad entre dos personas. Algunos, considerando este hecho, han pensado que Juan estaba tratando de comunicarnos que el Padre y el Hijo están tan íntimamente unidos que prácticamente uno es el otro, pero sin perder su individualidad. Decir que el Verbo estaba con Dios y que a la vez era Dios equivaldría a decir que, aunque el Padre y el Hijo son dos personas distintas, constituyen una sola entidad; que su unión es tal que prácticamente uno es como el otro. Eso nos ayuda a entender mejor la cita de Juan 14:9, cuando Jesús expresa: **«El que me ha visto a mí, ha visto al Padre».** Juan afirma desde el inicio de su Evangelio la divinidad de Jesús, entendiéndolo como algo esencial para la comprensión y aceptación de todo lo demás que tenga que ver con Su vida, Sus hechos y Su misión en la tierra.

En Juan 1:1-3 quedan establecidos cuatro principios fundamentales:

1. La eternidad de Jesús (existió desde el principio)
2. La relación de Jesús con Dios (estaba con Dios)
3. La divinidad de Jesús e igualdad con el Padre (era Dios)
4. La participación de Jesús en la creación (nada se hizo sin Él)

Se deduce pues, que Jesús es:

- Creador de todas las cosas
- Sustentador de todas las cosas
- Supremo sobre todas las cosas

Todo esto concuerda con las siguientes citas:

Colosenses 1:16-17: «Porque en Él fueron creadas todas las cosas, tanto en los cielos como en la tierra, visibles e invisibles; ya sean tronos o dominios o poderes o autoridades; todo ha sido creado por medio de Él y para Él. Y Él es antes de todas las cosas, y en Él todas las cosas permanecen».

Hebreos 1:3: «Él es el resplandor de su gloria y la expresión exacta de su naturaleza, y sostiene todas las cosas por la palabra de su poder.

Después de llevar a cabo la purificación de los pecados, se sentó a la diestra de la Majestad en las alturas».

Jesús como la luz

La luz es símbolo de la verdad de Dios; por eso dice el salmista: «Lámpara es a mis pies tu palabra, y luz para mi camino» (Sal. 119:105). Las tinieblas, por otro lado, representan el mundo de pecado, y en medio de ese mundo de pecado Cristo vino a alumbrar, a representar y a personificar la verdad de Dios. Es esa verdad la única que disipa la oscuridad del pecado en el interior del hombre.

Juan presenta a Cristo de esta manera: «En Él estaba la vida, y la vida era la luz de los hombres. Y la luz brilla en las tinieblas...» (Juan 1:4-5).

Cristo es precisamente la personificación de esa luz que representa la verdad que destruye el pecado y que pone al descubierto la mentira y el error. De ahí que Él dijera: «Yo soy el camino, y la verdad, y la vida» (Juan 14:6).

Jesús como el tabernáculo

Juan 1:14 dice: «Y el Verbo se hizo carne, y habitó entre nosotros». En este versículo aparece una palabra que debe ser explorada porque muchas veces en la traducción se pierde la riqueza del lenguaje original. Lo que ha sido traducido como «habitó» en el griego es el vocablo *skenoo*. Esto es interesante porque en el Antiguo Testamento se usaba la palabra *skene* para referirse al lugar santísimo donde «habitaba» la presencia de Dios. Si se sustituye «habitó» por el significado anteriormente expuesto, el versículo podría traducirse de esta forma:

«Y el Verbo se hizo carne e hizo tabernáculo entre nosotros».

Lo que antes en el Antiguo Testamento era el lugar santísimo donde moraba la presencia de Dios, ahora en el Nuevo Testamento ese lugar santísimo reside en, o es, la persona de Jesús porque la plenitud de la divinidad mora en Él, tal y como afirma Colosenses 2:9.

Jesús representa lo que antes era el templo para el pueblo judío. Esto concuerda con sus palabras en Juan 2:19: «Destruid este templo, y en tres días lo levantaré», lo que se interpreta como una analogía utilizada por Jesús para presentarse a sí mismo como el templo de Dios (tabernáculo).

Algunas herejías en torno a la persona de Jesús

A lo largo de los años, diferentes grupos han tratado de negar la divinidad de Jesús, mientras que otros han negado su humanidad. Ambas posiciones son incompatibles con el relato bíblico y por lo tanto deben ser rechazadas.

A continuación, se detallan algunos movimientos que han negado la divinidad o la humanidad de Jesús:

1) El arrianismo: en el siglo IV, el obispo Arrio de Alejandría levantó un movimiento que negaba la divinidad de Jesús. Este movimiento fue conocido como arrianismo y postulaba que Jesús en el principio fue creado por el Padre y que después Jesús se convirtió en el agente a través del cual se creó el universo. El Concilio de Nicea, que se reunió en el año 325, discutió de manera amplia esta doctrina, entre otras, y al final se firmó un documento en el que 316 obispos afirmaron la divinidad de Jesús. Solo dos obispos, entre ellos, Arrio, se abstuvieron de firmar dicho documento.[3]

2) El gnosticismo: en el siglo II surgió un movimiento conocido como gnosticismo que enseñaba que Jesús no había venido en cuerpo físico. Ellos postulaban que el Jesús histórico fue solo un hombre, pero que este hombre fue «poseído» por el Cristo del cielo y de esa forma se convirtió en la persona más iluminada. Este Cristo del cielo actuó a través del Jesús

---

3. Erwin W. Lutzer, *La decepción de Da Vinci* (Grand Rapids: Editorial Portavoz, 2005), 8.

de la tierra y regresó al cielo antes de la crucifixión, de manera que lo que murió en la cruz fue solo el hombre, es decir, el Jesús de la tierra. A personas como estas quería combatir Juan en su primera carta en 4:2-3, cuando dice: «En esto conocéis el Espíritu de Dios: todo espíritu que confiesa que Jesucristo ha venido en carne, es de Dios; y todo espíritu que no confiesa a Jesús, no es de Dios; y este es el espíritu del anticristo, del cual habéis oído que viene, y que ahora ya está en el mundo».

Dos movimientos «cristianos» de hoy en día que niegan la divinidad de Jesús

1) Los Testigos de Jehová: los Testigos de Jehová creen que Jesús fue creado por Dios y que como persona creada fue hijo de Dios, pero no es Dios. Sin embargo, Cristo mismo se identificó como Dios y llegó incluso a aceptar el ser adorado (Mat. 28:17), algo que solo Dios puede recibir. Los Testigos de Jehová también niegan la existencia del Espíritu Santo. Lo reconocen solo como una fuerza o el principio por medio del cual Dios opera, pero esto es contrario a lo revelado por la Palabra de Dios. Los siguientes pasajes enfatizan la divinidad de Jesús como hemos visto:

- Juan 1:1-3
- Colosenses 1:16-17
- Hebreos 1:1-3
- Juan 10:29-30

2) Los mormones: al igual que los Testigos de Jehová, niegan que Jesús sea Dios y lo ven únicamente como un profeta de Dios. De acuerdo con sus enseñanzas, Joseph Smith fue el último de los profetas, quien vino a completar la revelación de Dios y a llamar a la iglesia que se había desviado del camino.

Pero el Libro de Apocalipsis termina de tal forma que impide toda posibilidad de que haya revelación doctrinal nueva.

Apocalipsis 22:18-19 dice: «Yo testifico a todos los que oyen las palabras de la profecía de este libro: Si alguno añade a ellas, Dios traerá sobre él las plagas que están escritas en este libro; y si alguno quita de las palabras del libro de esta profecía, Dios quitará su parte del árbol de la vida y de la ciudad santa descritos en este libro».

Conclusión

Negociar la divinidad de Jesús es negociar toda la fe cristiana. Satanás conoce eso y por lo tanto ha tratado de levantar múltiples movimientos que a lo largo de la historia han tratado de negar esta verdad. Él conoce que, si logra convencer a las personas de que Jesús no es Dios, todo el cristianismo colapsaría, porque la fe cristiana descansa sobre el hecho de que fue Dios mismo, el único ser perfecto, el que vino y pagó por nuestros pecados. Igualmente, rechazar la humanidad de Jesús es tirar por los suelos todo el movimiento cristiano porque, si Jesús no fue hombre, no calificaría para ir a la cruz en nuestro lugar. Por eso el próximo capítulo está dedicado a la humanidad de Jesús. Nunca negocies ninguna de estas dos cualidades de Jesús.

Preguntas

1. ¿Cómo defenderías la divinidad de Jesús? Menciona algunas pruebas de ella.

2. ¿Cuál fue el propósito de Juan al referirse a Jesús como el Verbo?

3. ¿Por qué los estoicos tenían dificultad en creer en la encarnación de Dios en la persona de Jesús?

4. ¿Qué movimientos han negado la divinidad de Jesús en el pasado?

5. ¿Qué implicaciones tiene para nuestras vidas el rechazar a Cristo como Dios?

CAPÍTULO 3

JESÚS COMO HOMBRE

«Si alguna vez el hombre fue Dios o Dios hombre, Jesucristo fue ambas cosas».

LORD BYRON GEORGE GORDON

Mucho se ha escrito acerca de la persona de Jesús, pero hoy día parece haber más confusión que verdad sobre Su persona. El objetivo de analizar esta faceta de Su vida como hombre es tratar de verlo desde una perspectiva humana e interpretar las razones que tuvo para encarnarse. La defensa de la humanidad de Jesús es tan importante como la defensa de Su divinidad. La iglesia primitiva entendió esa verdad y por eso el concilio ecuménico de Calcedonia, en el año 451 declaró que «Jesús era verdadero Dios y verdadero hombre». Ese concilio declaró que las dos naturalezas de Cristo estaban unidas para siempre de forma inseparable «sin confusión, sin división ni separación», y que ninguna de las dos naturalezas resultó alterada o reducida por esa unión.

La Biblia presenta grandes contrastes que se conjugan en la persona de Jesucristo, pero tal vez el mayor de todos y más sorprendente es el de que Jesús fuera al mismo tiempo verdadero Dios y verdadero hombre. El cuadro siguiente presenta algunos de estos grandes contrastes del Hijo de Dios en Sus dos naturalezas.

Naturaleza humana	Naturaleza divina
Estuvo cansado (Juan 4:6)	Ofreció descanso a los cargados (Mat. 11:28)
Tuvo hambre (Mat. 4:2)	Él era (y es) el pan de vida (Juan 6:35)
Tuvo sed (Juan 19:28)	Él era (y es) el agua de vida (Juan 7:37)
Estuvo en agonía (Luc. 22:44)	Consoló a otros (Juan 11:23-26)
Creció en sabiduría como todos (Luc. 2:40)	Existió desde la eternidad (Juan 8:58)
Fue tentado (Mat. 4:1)	Dios no puede ser tentado (Sant. 1:13)
Se limitó a sí mismo en Su conocimiento (Mat. 24:36)	Fue omnisciente (Luc. 6:8)

Jesús es el nombre que le fue dado a la segunda persona de la Trinidad después de la encarnación (Mat. 1:21). El Dios eterno se encarnó en María, lo que significa que se hizo hombre y habitó en su vientre. Por tal razón, María es la madre de Jesús, pero María no es la madre de la segunda persona de la Trinidad porque un ser eterno no puede tener madre. La definición de eternidad es 'sin principio ni fin'; y la eternidad de Jesús ha quedado claramente demostrada. El concilio que se reunió en Éfeso en el año 431 habló de que María fue la portadora de Dios (*Theotokos*), pero no la madre de Dios. En ese caso sería **Mater Theou.** Una interpretación errónea de esta verdad ha dado lugar a que María ocupe un lugar preferencial sobre muchos mortales, hasta el punto de que hoy la ven como intercesora y hasta como corredentora. Debido a esta confusión es conveniente que revisemos uno de los pasajes en la vida de Jesús a Su paso por la tierra y que ha dado lugar a esta controversia.

El relato se encuentra ubicado en el capítulo 2 del Evangelio de Juan en el que se relata una boda celebrada en Caná. En aquella ocasión María le hizo una petición a Jesús y Jesús respondió su petición realizando Su primer milagro. Ella intercedió pidiendo vino y Él concedió la solicitud. Que sea esta Su primera acción milagrosa y que se haya realizado a petición de María y en público es lo que ha generado tantas controversias y ha dado pie para que se use a María como intercesora ante Dios.

Algunas aclaraciones sobre este primer milagro

- María intercedió ante Jesús porque hasta ese momento ella era la única que conocía Su identidad. Por lo tanto, sabía que Él podía realizar ese milagro. El ministerio público de Jesús no se inició hasta que fue bautizado por Juan el Bautista en el río Jordán.
- Jesús contestó la petición de María tal como responde a nuestras peticiones cuando acudimos a Él en oración.
- La respuesta de Jesús a la petición de María en esa ocasión no la convierte en intercesora ante Dios ni la iguala a Jesús. La Biblia afirma que hay un solo mediador entre Dios y los hombres, como establece 1 Timoteo 2:5: «Porque hay un solo Dios, y también un solo mediador entre Dios y los hombres, Cristo Jesús hombre».
- Jesús, al referirse a María, utiliza el término *mujer*, no madre. *Mujer* era un término de respeto usado en ese tiempo y por lo tanto era el término adecuado para ella. Pero al usarlo en público Jesús rompe el lazo familiar, quizás porque lo que Él estaba a punto de hacer era algo milagroso que apuntaba a Su divinidad y no a Su origen terrenal vía la encarnación. Esto nos ayuda a entender que Jesús no estaba supeditado a ella.
- Jesús, en Mateo 12:46-50, establece que Su verdadera familia no es la terrenal, porque Su dimensión es espiritual, y que por lo tanto toda relación afectiva con Él está relacionada a la aceptación y cumplimiento de la voluntad del Padre.

María fue una mujer escogida por Dios, con grandes atributos, pero no con cualidades únicas. A pesar de ser una mujer santa, María no fue concebida sin pecado, ni vivió sin pecado, porque esta cualidad es característica solamente de la divinidad. María entendió perfectamente su condición de pecadora. Por eso en Lucas 1:46-47 ella exclama: «Mi alma engrandece al Señor, y mi espíritu se regocija en Dios mi Salvador». María sabía que para su salvación necesitaba un salvador.

Algunos hechos que demuestran la humanidad de Jesús

- Tuvo un desarrollo humano (Luc. 2:50-52)
- Tuvo un cuerpo humano (Mat. 26:12)
- Tuvo hermanos y hermanas (Mat. 13:55-56; Juan 2:12)

Algunos han dicho que estos «hermanos» pueden haber sido Sus primos, pero en estos pasajes la palabra usada en el griego es *adelfo* que era usada de manera común para referirse a hermanos biológicos. La palabra para primos es *anepsio*, como es usada en Colosenses 4:10 donde se dice que Marcos era primo de Bernabé.

- Experimentó emociones y necesidades humanas como:

—Tristeza (Mat. 26-37)
—Hambre (Luc. 4:2)
—Sueño (Luc. 8:23)
—Cansancio (Juan 4:6)
—Tentaciones (Heb. 4:15)

Razones para la encarnación

Revelar al Padre (Juan 1:18; 14:8-10)

Aunque Dios se reveló en el Antiguo Testamento de diferentes maneras, nunca antes lo había hecho de una forma tan personal y tan completa como lo hizo mediante la persona de Jesús. Por eso Juan 1:18 dice: «Nadie ha visto jamás a Dios; el unigénito Dios, que está en el seno del Padre, Él le ha dado a conocer».

La encarnación de Jesús hizo posible que Dios, a quien los hombres no podían ver, se revelara de forma que el ser humano lo pudiera conocer de una manera más íntima. La relación del pueblo judío con Dios siempre fue distante, a través de su sacerdote y marcada por gran temor. Cristo vino, entre otras cosas, a crear un puente por medio del cual el hombre pudiera crear intimidad con Dios y a eliminar el temor que le caracterizaba bajo el primer pacto, sin eliminar el respeto por Su santidad y majestad. Notemos cómo el pueblo temía hablar con Dios durante el período del Antiguo Testamento.

Éxodo 20:19 dice: «Entonces dijeron a Moisés: Habla tú con nosotros y escucharemos; pero que no hable Dios con nosotros, no sea que muramos». (Ver el texto completo a partir del versículo 18 hasta el final del capítulo). Sin embargo, según el nuevo pacto se nos invita a acercarnos con confianza al trono de la gracia para que recibamos misericordia (Heb. 4:16). Al encarnarse, Jesús eliminó esa distancia entre Dios y el hombre.

Pagar la deuda del pecado (Rom. 3:23-24; Col. 2:13-14)

Con la caída de Adán y Eva, la humanidad quedó marcada por el pecado y desde entonces todo hombre nace pecador y sin posibilidad de salvación fuera de la persona de Jesús. Adán contrajo una deuda con Dios al arruinar Su creación, y esa deuda debía ser pagada por alguien que no tuviera pecado. Solo Cristo podía hacerlo; solo Él vivió una vida de perfección cumpliendo todas las demandas de la ley. Esto lo calificó para ser el sacrificio perfecto que Dios podía aceptar en sustitución nuestra. El apóstol Pablo lo expresa de esta manera:

Colosenses 2:13-14: «Y cuando estabais muertos en vuestros delitos y en la incircuncisión de vuestra carne, os dio vida juntamente con Él, habiéndonos perdonado todos los delitos, habiendo cancelado el documento de deuda que consistía en decretos contra nosotros y que nos era adverso, y lo ha quitado de en medio, clavándolo en la cruz».

Reconciliar al hombre con Dios (Rom. 5:1; 2 Cor. 5:18-19)

La Palabra establece que el hombre ha estado en enemistad con Dios (Rom. 5:10) y Dios en Su misericordia decidió poner fin a esa enemistad por medio de Su Hijo, a quien entregó para el pago de nuestros pecados. Y esto es exactamente lo que la Palabra revela.

2 Corintios 5:18-19: «Y todo esto procede de Dios, quien nos reconcilió consigo mismo por medio de Cristo, y nos dio el ministerio de la reconciliación; a saber, que Dios estaba en Cristo reconciliando al mundo consigo mismo, no tomando en cuenta a los hombres sus transgresiones, y nos ha encomendado a nosotros la palabra de la reconciliación».

No creo que ningún ser humano se haya visto como enemigo de Dios antes de su nuevo nacimiento, y sin embargo eso es exactamente a lo que la Palabra de Dios refiere. El rechazo del hombre a Su verdad no es simplemente un acto de conveniencia, sino un acto de rebelión en contra de Dios a quien, sin admitirlo, en nuestra incredulidad vimos como un enemigo.

Destruir las obras del diablo (Rom. 6:14; Rom. 6:22; 1 Jn. 3:8)

En 1 Juan 5:19 se establece que el mundo entero está bajo el poder del maligno. Por lo tanto, Cristo vino precisamente a restaurar lo perdido (Luc. 19:10); a deshacer lo que Satanás había construido en contra de Dios y, por ende, en contra de Sus hijos, como establece 1 Juan 3:8: «El que practica el pecado es del diablo, porque el diablo ha pecado desde el principio. El Hijo de Dios se manifestó con este propósito: para destruir las obras del diablo». Cuando Cristo pagó la deuda, liberó a los creyentes de la esclavitud del pecado ofreciendo salvación mediante Su persona.

Dejar un modelo de vida (1 Ped. 2:21; 1 Jn. 2:6)

Sin nadie que señale el camino, el hombre está perdido y no sabe cómo llegar a Dios. Una vida modelada vale más que cientos de palabras. Cristo modeló la vida que quiere que vivamos.

1 Pedro 2:21: «Porque para este propósito habéis sido llamados, pues también Cristo sufrió por vosotros, dejándoos ejemplo para que sigáis sus pisadas».

Se cuenta que en una ocasión, un viajero contrató un guía para que lo condujera a través de un área de desierto. Cuando llegaron al comienzo del desierto, el viajero vio que toda la arena lucía igual y que no había huellas por ningún lugar. El viajero preguntó: «¿Dónde está el camino para transitar por el desierto?». Y el guía le respondió un poco molesto: «Yo soy el camino». Así es con Jesús… la vida es como un desierto o como una jungla; si quieres salir con vida de allí, tienes que poner tu mano en la mano de Jesús y Él te guiará a puerto seguro.[4]

Cristo vino a dejarnos un modelo que podamos seguir e imitar, y no simplemente una enseñanza escrita que podamos recordar. Cristo a Su paso por la tierra no solo enseñó, sino que modeló lo enseñado como ninguna otra persona había hecho ni ha podido hacer.

Servir de Sumo Sacerdote a favor de la humanidad (Heb. 2:17; 9:11-12)

Dios había establecido en Sus ordenanzas que para que los pecados del pueblo pudieran ser perdonados alguien debía ofrecer sacrificios por ellos, porque la paga del pecado es muerte (Rom. 6:23). Esa era la función del sacerdote y del Sumo Sacerdote en el Antiguo Testamento… ofrecer sacrificios por los pecados del pueblo una y otra vez. Pero ese sacrificio era imperfecto e insuficiente porque «es imposible que la sangre de toros y de machos cabríos quite los pecados» (Heb. 10:4). Más adelante Hebreos 10:11-12 agrega: «Y ciertamente todo sacerdote está de pie, día tras día, ministrando y ofreciendo muchas veces los mismos sacrificios, que nunca pueden

---

4. Michael Green, *Illustrations for Biblical Preaching* [Ilustraciones para la predicación bíblica] (Grand Rapids: Baker Book House, 1982), 421.

quitar los pecados; pero Él, habiendo ofrecido un solo sacrificio por los pecados para siempre, SE SENTÓ A LA DIESTRA DE DIOS».

Por lo tanto, desde Su crucifixión, no ha habido necesidad de ofrecer más sacrificios. En la cruz Él hizo lo que solo Él podía hacer porque, ante Dios, el único que podía ofrecerse en sacrificio a favor de los hombres, por Su carácter santo y Su vida perfecta, era Jesús.

La encarnación fue un hecho necesario para que Dios mismo, mediante la persona de Jesús, pudiera mostrarse tal cual es, para mostrar Su amor, Su misericordia y Su santidad; para dejar establecido el patrón de conducta santa que Dios espera de cada creyente; para cumplir Su propia ley y para reivindicar Su justicia.

La unión de la naturaleza divina y humana de Jesús

Cristo dejó Su gloria por un tiempo y en un acto de sometimiento voluntario aceptó hacerse hombre y cumplir con los propósitos del Padre. «Se despojó» (*kenosis,* de *keeno* que en griego significa 'vaciar') a sí mismo tal y como lo expresa Filipenses 2:5-8. La frase «se despojó a sí mismo» hace referencia al abandono de Su gloria durante el tiempo de Su encarnación, pero no a la renuncia de Su divinidad. Es importante enfatizar esto porque teólogos liberales han postulado que la *kenosis* hace referencia al abandono por parte de Jesús de algunos de Sus atributos divinos a Su paso por la tierra. Pero esa teoría es una herejía. Lo que Dios es, siempre lo ha sido y nunca lo dejará de ser porque dejaría de ser Dios.

La segunda persona de la Trinidad sí unió Su naturaleza divina a una humana. A esta unión se le llama unión *hipostática.* Hipóstasis significa 'sustancia, naturaleza, esencia'. La unión hipostática habla de la unión de Sus dos naturalezas, la divina y la humana. El apóstol Pablo lo explica de esta manera:

Filipenses 2:5-8: «Haya, pues, en vosotros esta actitud que hubo también en Cristo Jesús, el cual, aunque existía en forma de Dios, no consideró el ser igual a Dios como algo a qué aferrarse, sino que se despojó a sí mismo tomando forma de siervo, haciéndose semejante a los hombres. Y hallándose en forma de hombre, se humilló a sí mismo, haciéndose obediente hasta la muerte, y muerte de cruz».

La encarnación fue un hecho extraordinario que llegó a «afectar» a Cristo para siempre, ya que en los cielos Él continúa hoy poseyendo un cuerpo físico que no poseía antes. Este hecho es tan singular que son muchos los que no llegan a creerlo porque les resulta incomprensible que Dios se hiciera hombre y que después de Su encarnación Sus dos naturalezas permanecieran eternamente indivisibles. Pero esto es precisamente lo que revela Su Palabra. Es por eso que en el cielo Cristo tiene un cuerpo, pero un cuerpo glorificado.

Conclusión

La encarnación de Jesús fue un acontecimiento trascendental en la redención del hombre. Para restablecer la relación con Dios hacía falta un hombre que representara la raza humana, que pudiera cumplir a la perfección con la ley de Dios y que estuviera dispuesto a morir en sustitución por cada uno de nosotros. Eso solo podía ser llevado a cabo por Dios mismo, quien envió a Su Hijo, y en Él se dio la unión de la naturaleza divina y la naturaleza humana. Con relación a esta unión queremos dejar bien en claro cuatro observaciones finales:

1. La adquisición de la naturaleza humana no le restó a Su naturaleza divina (Juan 10:30; Col. 1:19).

2. Al hacerse hombre no perdió atributos divinos, sino que ganó atributos humanos.

3. Al encarnarse aceptó limitaciones en Sus atributos divinos, limitaciones que podía eliminar con solo proponérselo. Ejemplo: en Mateo 14:22-27, Jesús caminó sobre las aguas, pero no siempre hizo esto.

4. Al «despojarse a sí mismo» se vació de sí mismo, lo que significa que por un tiempo renunció a toda Su gloria, privilegios y prerrogativas.

Preguntas

1. ¿Qué características de la naturaleza humana se dieron en Jesús?

2. ¿Qué aspectos de la naturaleza divina vemos en Su persona?

3. Menciona algunas razones para la encarnación de Jesús.

4. ¿Cuál o cuáles podrían ser las implicaciones de ver a María como madre de Dios?

5. ¿Cómo podrías explicar la coexistencia de la naturaleza divina y la humana en Jesús?

CAPÍTULO 4

JESÚS COMO SALVADOR

«Si nuestra mayor necesidad hubiese sido información,
Dios nos hubiese enviado un educador.
Si nuestra mayor necesidad hubiese sido tecnología,
Dios nos hubiese enviado un científico.
Si nuestra mayor necesidad hubiese sido dinero,
Dios nos hubiese enviado un economista.
Si nuestra mayor necesidad hubiese sido placer,
Dios nos hubiese enviado un comediante.
Pero nuestra mayor necesidad era perdón.
Por lo tanto Dios nos envió un Salvador».

DESCONOCIDO

Una de las frases más escuchadas y tal vez más repetidas por los cristianos, y hasta por muchos que no lo son, es la siguiente: «Jesús vino a salvar al mundo» (Juan 3:17). Sin embargo, esta es una de las verdades menos comprendidas.

Para poder comprenderla a cabalidad habría que responder primero a preguntas como estas:

- ¿Qué ocurrió para que ahora el hombre requiriera salvación?
- ¿De qué vino Jesús a salvar al mundo?
- ¿Cuál era la condición del hombre después de la caída?
- ¿A quién vino a salvar Jesús?

- ¿Por qué Él, Jesús, y no otros?

El objetivo de este capítulo es responder a esas interrogantes y abundar un poco sobre la obra de salvación que Jesús vino a realizar.

¿Qué ocurrió para que ahora el hombre requiriera salvación?

Adán y Eva fueron el primer hombre y la primera mujer creados por Dios y como tal constituían las cabezas federales de la raza humana. Génesis 1:27 dice que Dios los creó a Su imagen y semejanza, es decir, en santidad, con una mente para pensar, con una voluntad para actuar, con sentimientos y emociones para sentir, y con la habilidad para elegir.

Ellos comenzaron con una estrecha relación con Él, pero como criaturas creadas estaban sujetas a obediencia. En un momento donde tenían que tomar una decisión cedieron a la tentación de Satanás en el huerto del Edén y desobedecieron, lo que produjo una ruptura en la relación hombre-Dios que tuvo, entre otras, dos grandes consecuencias: la muerte física (límite de la vida del hombre en la tierra) y la muerte espiritual (separación entre el hombre y su Creador). A partir de ese momento la tierra pasó a ser un «mundo caído», y desde entonces todo ser humano nace con una deuda moral con Dios al heredar el pecado, y por tanto nace sentenciado a la muerte física y espiritual, a menos que esa persona experimente la salvación mediante la persona de Jesús. La historia de esta primera desobediencia aparece registrada en el Libro de Génesis, en el capítulo 3.

Si Adán y Eva, que fueron creados en santidad y que no tenían una naturaleza pecadora en sus inicios, no fueron capaces de permanecer libres de pecado, ¿qué posibilidad tiene el ser humano de mantenerse limpio cuando ya nace marcado por la desobediencia y con una voluntad esclava del pecado (2 Tim. 2:25-26)? Ninguna. En consecuencia, todo ser humano que no llega a conocer a Cristo como Señor y Salvador nace y muere en pecado y por tanto condenado.

Para alcanzar la salvación, cada individuo necesita ser justificado por Cristo y por lo tanto declarado justo por Él, porque no lo es, ni puede serlo, en sí mismo.

Romanos 5:12 dice: «Por tanto, tal como el pecado entró en el mundo por un hombre, y la muerte por el pecado, así también la muerte se extendió a todos los hombres, porque todos pecaron». Este solo versículo explica de manera sucinta por qué el hombre está necesitado de salvación.

¿De qué vino Jesús a salvar al mundo?

Un Dios justo no puede tener por inocente al que es culpable (Ex. 34:7). Desde su nacimiento, por haber heredado el pecado de sus antepasados, la santidad y justicia perfecta de Dios demandan que el pecado no sea pasado por alto (Rom. 3:25). Esa es la razón por la que para satisfacer la justicia de Dios alguien tenía que pagar la deuda que Adán había dejado abierta.

Romanos 6:23 establece que «la paga del pecado es muerte». Ante la presencia de un Dios Santo, Santo, Santo es inaceptable la existencia del pecado. Jesús viene a salvarnos de la justicia de Dios que, de no ser satisfecha en Su persona, terminaría enviándonos a todos a la condenación eterna. Cuando Jesús asume esa responsabilidad y va a la cruz y muere en sustitución nuestra, Dios nos libra de Su ira (la aplicación de Su justicia) según se manifiesta en Romanos 5:9. De esa manera Dios no tendrá que descargarla sobre nosotros.

Juan 3:36 detalla claramente esto que acabamos de explicar: «El que cree en el Hijo tiene vida eterna; pero el que no obedece al Hijo no verá la vida, sino que la ira de Dios permanece sobre él». Es frecuente oír la pregunta: ¿eres tú salvo? Pero lo que la mayoría quizás no entiende es de qué debo ser salvo. Y este último versículo deja ver de manera clara que hay que ser salvo de la ira de Dios, que no es más que la aplicación de Su justicia. Es Su justicia la que nos envía a la condenación, a menos que esta no haya sido satisfecha en Cristo y por Cristo.

¿Cuál era la condición del hombre después de la caída?

La Biblia habla en más de una ocasión de la condición del hombre después de su caída. Dios ha revelado de una manera clara y en términos muy fuertes cuál fue el resultado de la desobediencia de Adán y Eva. La manera como Dios describe nuestra condición nos deja ver de forma convincente la seriedad del pecado y lo aborrecible que este resulta para Dios. De acuerdo con lo que dice la Palabra, después de la caída, esta es la condición en que quedó el hombre:

- Enemigo de Dios (Rom. 5:10)
- Esclavo del pecado (Rom. 6:17)
- Muerto en delitos y pecados (Ef. 2:1)
- Destituido de la gloria de Dios (Rom. 3:23)
- Con una voluntad esclavizada (2 Tim. 2:26)
- Con un entendimiento entenebrecido (2 Cor. 4:4)

A una persona bajo estas condiciones le resulta imposible buscar a Dios, y es por eso que Romanos 3:11 establece que: «NO HAY QUIEN ENTIENDA» y que «NO HAY QUIEN BUSQUE A DIOS». De hecho, Romanos 8:7 establece que la mente del hombre incrédulo «no se sujeta a la ley de Dios, pues ni siquiera puede hacerlo». Así de incapaz es el hombre en su estado natural.

¿A quién vino a salvar Jesús?

Jesús vino a salvar a aquellos que lo reciben como Señor y Salvador. De esa forma pasan a ser hijos de Dios. No todo el mundo es hijo de Dios. Todos somos criaturas de Dios porque hemos sido creados por Él. Pero Juan 1:12-13 revela que para llegar a ser hijo de Dios hay que llegar a creer en Jesucristo, depositando nuestra fe en Su persona.

Juan 1:12-13 dice: «Pero a todos los que le recibieron, les dio el derecho de llegar a ser hijos de Dios, es decir, a los que creen en su nombre, que no nacieron de sangre, ni de la voluntad de la carne, ni de la voluntad del hombre, sino de Dios». Esto nos da una idea de quiénes llegan a ser hijos de Dios. La expresión «ni de la voluntad del hombre, sino de Dios» nos habla de que la idea de la salvación no nace en la mente del hombre, sino en la mente de Dios. Es Dios quien busca al hombre y le da salvación.

Pasar de la condición de criatura de Dios a hijo de Dios requiere una adopción por parte del Padre y una aceptación por parte del hombre. Pablo habla de que somos hijos adoptados dentro de la familia de Dios (Ef. 1:5). Si somos adoptados es porque originalmente no éramos Sus hijos legítimos. Pero una vez adoptados, heredaremos lo mismo que heredará Su único Hijo legítimo, Cristo. Somos coherederos con Él, tal como establece Romanos 8:17.

Otras revelaciones del Evangelio de Juan relacionadas con la salvación y la persona de Jesús

Juan 3:16: «Porque de tal manera amó Dios al mundo, que dio a su Hijo unigénito, para que todo aquel que cree en Él, no se pierda, mas tenga vida eterna».

Juan 3:36: «El que *cree* en el Hijo tiene vida eterna; pero el que no *obedece* al Hijo no verá la vida, sino que la ira de Dios permanece sobre él».

El primero de estos dos versículos, revela que todo aquel que crea en Cristo recibirá vida eterna; pero Juan 3:36 revela sobre el que rechaza al Hijo que la «ira de Dios permanece sobre él». Esto es así porque la ira de Dios, que representa Su justicia y la condenación, pesa sobre el hombre desde la caída de Adán y Eva. De esta manera, Cristo no viene a condenar el mundo, porque el mundo ya había sido condenado. Cristo vino a salvar el mundo que en Génesis 3 ya había quedado bajo la maldición de Dios. Este último versículo también nos deja ver que hay una relación estrecha entre creer y obedecer. Cuando verdaderamente he creído, eso se traduce en obediencia a las enseñanzas de Jesús, pero «*el que no obedece al Hijo no verá la vida*».

La palabra *creer* en el Evangelio de Juan implica mucho más que una simple afirmación de Cristo como Señor; implica obediencia a Sus mandatos y ordenanzas.

Juan 3:1-8 revela lo que significa «nacer de nuevo», que es un requisito para entrar al reino de los cielos vía la persona de Jesús, porque no hay otro camino. El hombre en sentido general está muerto espiritualmente como consecuencia del pecado (Ef. 2:1). Por lo tanto, para poder entrar al reino de los cielos, necesita volver a vivir porque un muerto espiritual no puede llegar a la presencia de Dios. El paso de la muerte a la vida ocurre como obra de Dios, lo cual da como resultado la confesión voluntaria de Cristo como Señor y Salvador. El día que una madre da a luz se nace de forma física; pero, el día que Cristo viene a la vida de una persona, esta nace espiritualmente. De ahí la expresión de que se necesita nacer de nuevo. La obra meritoria de Cristo es la que le permite al hombre nacer de nuevo al ser regenerado por el Espíritu de Dios.

En **Juan 8:32-34** encontramos la expresión «y conoceréis la verdad, y la verdad os hará libres»; a lo que ellos contestaron: «Somos descendientes de Abraham y nunca hemos sido esclavos de nadie. ¿Cómo dices tú: "Seréis libres"?». Jesús respondió: «En verdad, en verdad os digo que todo el que comete pecado es esclavo del pecado».

Este pasaje revela que el hombre no es libre, que el pecado lo esclaviza. Dos versículos más adelante (v. 36), expresa que aquel a quien el Hijo libertare, ese sería verdaderamente libre. Quien libera es Cristo y el que tiene que ser liberado es el hombre, porque antes de venir a Cristo no lo es. La Palabra dice que el hombre no salvo es esclavo del pecado según vimos en el texto de más arriba (Juan 8:34).

Hechos 4:12 aclara y amplifica: «Y en ningún otro hay salvación, porque no hay otro nombre bajo el cielo dado a los hombres, en el cual podamos ser salvos». El veredicto de Cristo sobre todo aquel que quiere entrar por otro camino al reino de los cielos es fuerte: «En verdad, en verdad os digo: el que no entra por la puerta en el redil de las ovejas, sino que sube por otra parte, ese es ladrón y salteador» (Juan 10:1). Es ladrón porque quiere robarle la gloria a Dios y salteador porque asalta la mente del hombre con el fin de que no obtenga libertad y vida eterna.

¿Por qué Él, Jesús, y no otros?

Dios, por amor, quiso restaurar con el hombre la relación que se había perdido. Pero había una deuda de pecado pendiente que solamente alguien que no tuviera pecado podía pagar. Toda deuda o delito debe ser pagado de forma que el pago sea congruente con la violación cometida. Si se echa a perder un carro, ese daño no puede pagarse con una bicicleta porque el pago no sería congruente con lo dañado. Lo que Adán había arruinado era la obra de Dios, un hombre perfecto. Por lo tanto, solo otro hombre perfecto y que cumpliera a cabalidad con Su ley podía restaurar lo arruinado. Jesús vino al mundo y asumió como suyos los pecados del hombre. En 2 Corintios 5:21 dice: «Al que no conoció pecado, le hizo pecado por nosotros, para que fuéramos hechos justicia de Dios en Él». En la cruz derramó Su sangre por nuestros pecados y la deuda quedó saldada. «Consumado es», dijo en la cruz. En el griego, la palabra es *tetelestai* que era un término comercial que se usaba cuando una deuda quedaba pagada por completo.[5]

Cuando Cristo dijo *tetelestai*, ¿qué fue realmente lo que terminó o qué fue realmente lo que Él había terminado? Porque aún estamos en este mundo sometidos a las consecuencias del pecado.

Con esta palabra Cristo nos dejaba ver que la enemistad entre Dios y el hombre había terminado. Lo que había mantenido al hombre y a Dios separados había llegado a su fin porque, por un lado, Jesús había satisfecho todos los requisitos de la ley de Dios y, por otro lado, la deuda que el hombre tenía con Dios había sido saldada. El hombre pasó de enemigo a ser amigo de Dios (Rom. 5:10). A esto llamamos reconciliación. La reconciliación se hace posible por medio de la cruz (Col. 2:13-14) y, por consiguiente, Dios ya no tiene nada contra nosotros (Rom. 8:1).

---

5. http://www.preceptaustin.org/tetelestai-paid_in_full.htm.

Como la deuda quedó saldada, nuestras obras no pueden contribuir en nada a nuestra salvación por dos razones:

1. Cristo ya pagó todo cuanto había que pagar.
2. Si mis obras contribuyeran a mi salvación, harían insuficiente el sacrificio de Cristo. Las obras deben ser una evidencia de mi salvación, y no un requisito para obtener la salvación.

Juan 1:29 llama a Jesús: «el Cordero de Dios que quita el pecado del mundo».

Así es llamado Jesús en el Nuevo Testamento porque a eso vino. Durante el período del Antiguo Testamento Dios había dispuesto que el hombre sacrificara corderos sin defectos físicos y derramara Su sangre para el perdón de sus pecados, como una forma de preparar el camino para la venida de Su Hijo, el cordero perfecto. Solo Él, por haber vivido una vida sin pecado, podía satisfacer la justicia de Dios.

Los corderos sacrificados en el Antiguo Testamento solo cubrían temporalmente los pecados del hombre, pero no podían limpiar su conciencia como establece Hebreos 10:11-12, y por esta razón se hizo necesaria la venida de Jesús, quien murió en nuestro lugar como expresa este pasaje:

«Y ciertamente todo sacerdote está de pie, día tras día, ministrando y ofreciendo muchas veces los mismos sacrificios, que nunca pueden quitar los pecados; pero Él, habiendo ofrecido un solo sacrificio por los pecados para siempre, SE SENTÓ A LA DIESTRA DE DIOS» (Heb. 10:11-12).

Para mayor información sobre esta pregunta de por qué Jesús y no otros dioses, referimos al lector al capítulo 15 de este libro.

Conclusión

- El hombre nace en pecado por ser descendiente de dos individuos que pecaron contra Dios y que, en consecuencia, adquirieron una naturaleza pecadora.

- El pecado con el que nace lo condena.
- El hombre, al nacer es criatura de Dios, pero no hijo legítimo.
- El pecado le ha robado la libertad al hombre al nacer con una voluntad esclavizada.
- Las obras del hombre, incluso sus mejores obras, no pasan el escrutinio de la justicia perfecta de Dios.
- Dios, conociendo esto, envió a Su Hijo, quien vivió una vida perfecta en conformidad con la ley de Dios. Esto lo calificó para ir a la cruz y morir en nuestro lugar. De esta manera, en la cruz, Dios Padre trató al Hijo como si Él hubiese vivido mi vida para que, cuando lo confesara como mi Señor y Salvador, yo pudiera ser tratado como si yo hubiese vivido la suya.

Preguntas

1. ¿Por qué el hombre necesita un salvador?

2. Cuando una persona cuestiona a otra acerca de su salvación, ¿a qué se refiere? ¿De qué tiene esa persona que ser salvada?

3. De acuerdo a lo estudiado en este capítulo, ¿quiénes llegan a ser hijos de Dios?

4. ¿Por qué tuvo Dios Padre que enviar a Su Hijo?

5. ¿Por qué Jesús y no otra persona?

Capítulo 5

Jesús como siervo

«La medida de un hombre no es cuántos siervos tiene, sino a cuántos hombres él sirve».

D. L. Moody

Muchos hechos llaman poderosamente la atención en la vida de Jesús, pero quizás uno de los aspectos más destacados fue Su vida de servicio, sobre todo si se considera que Él es el Creador del mundo y aun así se dispuso a servir a la criatura. Cuando se piensa que el Dios del universo, el que sustenta todo con la Palabra de Su poder (Heb. 1:3), fue capaz de llegar a arrodillarse para lavar los pies de Sus discípulos, esto es algo que va más allá de lo que la mente y el corazón humano pueden asimilar.

Juan 13:1-17

Sin lugar a dudas, Su ejemplo de servicio más conocido aparece relatado en el Evangelio de Juan, en el capítulo 13. En este capítulo se narra un episodio en el que Jesús terminó lavando los pies de Sus discípulos, y ocurrió en una cena de pascua que celebraba con los mismos discípulos horas antes de Su crucifixión. Existía la costumbre en esa época de que cuando una persona adinerada tenía invitados a su casa, los siervos, al entrar los invitados, les lavaran los pies. Si no había siervos, los invitados solían lavar sus propios pies. Esto era debido a que las calles de ese entonces eran muy polvorientas y se consideraba inapropiado sentarse a la mesa con los pies sucios.[6] A los discípulos les parecía inconcebible que una tarea usualmente realizada por esclavos viniera a ser hecha por Jesús. El asombro debió de haber sido grande. Y lo fue, como lo demostró Pedro con su reacción.

De acuerdo con lo que se lee en este pasaje, ninguno de los discípulos tuvo la suficiente humildad de corazón para lavar los pies de los demás, ni siquiera los de Jesús, a quien consideraban el Maestro. Después de tres años y medio de andar con Él, de ver Su ejemplo y recibir Sus enseñanzas, a escasas horas de la crucifixión, los discípulos aún no habían aprendido la lección de servicio modelada por Él.

Jesús «sabiendo […] que su hora había llegado» (Juan 13:1), la hora de glorificar al Padre por medio de la cruz, quiso dejarles entonces antes de partir el mayor de sus ejemplos: el servicio.

Tres cosas llaman la atención en este pasaje de Juan

1. La actitud de servicio de Jesús (vv. 3-5).
2. La actitud de Pedro al negarse a que Jesús le lavara los pies (vv. 6-9).
3. La disposición de Jesús de lavar los pies, aun los del traidor (vv. 10-11).

Seis enseñanzas importantes se derivan de estas observaciones

A. Quien no sabe dar no sabe recibir (v. 8)

En general, la persona que no sabe recibir es debido a su orgullo y ese orgullo, que no le permite recibir de otro, es el mismo que le impide

---

6. *The International Standard Bible Encyclopedia* [Enciclopedia bíblica estándar internacional] (Grand Rapids: William B. Eerdmans Publishing Company, 1982), 333.

dar porque muchas veces piensa que ese otro no es merecedor de lo dado. Pedro tuvo que aprender ambas cosas: dar y recibir. Veamos.

Juan 13:8: «Pedro le contestó: ¡Jamás me lavarás los pies! Jesús le respondió: Si no te lavo, no tienes parte conmigo».

El siervo humilde es aquel que no se avergüenza de ninguna de las tareas que le toca llevar a cabo y esta es la razón por la que encontramos a Jesús de rodillas lavando los pies de Sus discípulos.

B. La humildad no es señal de debilidad (v. 5)

A nivel de la sociedad, siempre se ha visto la humildad como una condición de debilidad, puesto que el siervo humilde no es contencioso al creer que él nunca tiene nada que probar ni nada que ocultar. En realidad, la palabra *humildad* significa más bien fortaleza bajo control. Jesús fue el mejor ejemplo de lo que esto significa. Jesús procede...

Juan 13:5: «Luego echó agua en una vasija, y comenzó a lavar los pies de los discípulos y a secárselos con la toalla que tenía ceñida».

C. La verdadera humildad sirve sin favoritismos (vv. 10-11)

El siervo humilde no elige a quién servir, sino que sirve porque eso es parte de su naturaleza; ese siervo es libre de prejuicios y por eso su libertad le permite servir a todos por igual. Toda la vida de Jesús fue un ejemplo de lo que esto significa. Jesús lava sin dudar los pies del traidor momentos antes de su traición. Juan prosigue su relato:

Juan 13:10-11: «Jesús le dijo: El que se ha bañado no necesita lavarse, excepto los pies, pues está todo limpio; y vosotros estáis limpios, pero no todos. Porque sabía quién le iba a entregar; por eso dijo: No todos estáis limpios».

D. Para servir no hay grado ni posición (v. 14)

El más maduro en la fe es quien debe dar el ejemplo. Solo la persona madura poseerá el fruto del Espíritu para servir como Dios manda. En este caso, el Creador sirvió a la criatura dejando ver que servimos no de acuerdo a nuestro rango, sino conforme a la voluntad de Dios. Dios se hizo hombre y luego se hizo siervo de ese hombre para glorificar al Padre que está en los cielos. Jesús expresa Su entendimiento de lo que acaba de hacer.

Juan 13:14: «Pues si yo, el Señor y el Maestro, os lavé los pies, vosotros también debéis lavaros los pies unos a otros».

E. Jesús espera que sirvamos como Él sirvió (v. 15)

El que sirve como Jesús no cuestiona ni el servicio ni a quién le sirve porque su servicio no tiene que ver con la persona, sino con Dios que es a quien él sirve. Jesús no solo nos dio un ejemplo, sino que nos dejó ver lo que esperaba de Sus seguidores.

Juan 13:15: «Porque os he dado ejemplo, para que como yo os he hecho, vosotros también hagáis».

F. El gozo y las bendiciones del creyente dependen de su vida de servicio (v. 17)

Personas llenas del gozo del Señor son verdaderos siervos, y gran parte de su gozo es producido por su actitud de servicio. Es imposible estar lleno de Su gozo sin un corazón de siervo.

Juan 13:17: «Si sabéis esto, seréis felices si lo practicáis».

No pasemos por alto esta última frase, «si lo practicáis». No hay manera de ser felices sin la obediencia y el servicio.

Toda la vida de Jesús es un modelo de servicio y humildad

La palabra de Dios revela que Jesús comenzó a humillarse antes de encarnarse porque «aunque existía en forma de Dios, no consideró el ser igual a Dios como algo a qué aferrarse, sino que se despojó a sí mismo tomando forma de siervo, haciéndose semejante a los hombres. Y hallándose en forma de hombre, se humilló a sí mismo, haciéndose obediente hasta la muerte, y muerte de cruz» (**Fil. 2:6-8**).

A la hora de hacer Su entrada al mundo, nació en un pesebre atendido únicamente por Sus padres terrenales (**Luc. 2:1-7**).

A la hora de servir, nunca le pidió a Sus discípulos que hicieran algo que Él no hubiese hecho primero, como muestra Su vida descrita en los Evangelios (**Juan 13:13-15**).

Y a la hora ser aclamado como rey, entró a Jerusalén montado sobre un burro y no en un caballo que era lo usual para la realeza (**Luc. 19:28-35**). William Barclay, en sus comentarios sobre los Evangelios, explica que en esa época el venir montado sobre un burro era símbolo de venir en son de paz. En esa época el caballo se usaba para la guerra. Y Jesús en Su primera venida trajo un mensaje de paz y no de guerra, y se propuso reconciliar al hombre con Dios.[7] Por eso fue a la cruz como oveja al matadero, sin abrir ni siquiera Su boca (**Isa. 53:7**).

En una sola frase pronunciada por Jesús se encuentra Su modelo de liderazgo: «el Hijo del Hombre no vino a ser servido, sino para servir» (Mat. 20:28). Su vida de servicio honró tanto al Padre que, en Filipenses 2:9-11, el apóstol Pablo dice que el Padre le dio un nombre sobre todo nombre «para que en el nombre de Jesús se doble toda rodilla de los que están en los cielos, y en la tierra, y debajo de la tierra; y toda lengua confiese que Jesucristo es el Señor, para gloria de Dios Padre» (RVR1960).

Lo anterior nos enseña lo siguiente:

* No hay exaltación sin humillación: la encarnación primero y la glorificación después.
* No hay gloria sin sufrimiento: la cruz y luego la gloria.
* No hay corona sin cruz: primero el servicio y luego la coronación.

---

7. Curiosamente el Libro de Apocalipsis describe la segunda venida de Cristo cuando Él regresa a traer juicio sobre la tierra. En esa ocasión se describe a Cristo viniendo sobre un caballo blanco y no sobre un burro. Esto coincide con lo explicado por Barclay.

Servir como Jesús sirvió requiere estas actitudes:

- Una actitud de humildad (Fil. 2:5-6)
- Una mente obediente (Juan 5:30; 6:38; 8:50)
- Disposición de servicio (Juan 13)
- Fidelidad (Juan 2:13-17)
- Valor (Juan 18:4-6)
- No ser contencioso (Mat. 27:12-14)
- Mansedumbre (Mat. 11:29-30)

A continuación aparece una breve descripción de cada una de estas actitudes a manera de aplicación.

Una actitud de humildad y una mente obediente

Las luchas y divisiones surgen porque el hombre no muere a sí mismo como lo hizo Jesús. La vida de obediencia se hace difícil porque el cristiano rehúsa «matar el yo», y es ese «yo» el que mantiene la lucha de manera continua. El «yo» está caracterizado por una actitud de orgullo y no de humildad. Ese orgullo es lo que se rebela y lleva a la desobediencia. Esto obviamente no estuvo en el corazón de Jesús. Una vez el «yo» muere, la vida cristiana se hace fácil y deja de ser una batalla continua, como lamentablemente lo es, para una gran cantidad de Sus ovejas. Es entonces cuando su yugo se hace fácil y su carga ligera (Mat. 11:29-30).

Disposición de servicio

El verdadero servicio no es tanto la realización de una tarea, sino la disposición que se tiene al realizar dicha tarea. Podemos servir de acción y no servir de corazón; el servicio hecho sin la disposición interna del corazón no cuenta para Dios. El hombre mira lo externo, pero Dios mira el corazón (1 Sam. 16:7).

Fidelidad

Es la cualidad de honrar nuestros compromisos y la palabra que damos. Es la habilidad de mantenerse en el camino sin distracción y sin mirar hacia los lados preguntándonos si habrá otro camino u otra forma. Esta es una cualidad indispensable para el siervo. En la parábola de los talentos en Mateo 25:14-30, el amo felicitó al siervo por hacer buen uso de los recursos entregados y estas fueron sus palabras: «Bien, siervo bueno y fiel; en lo poco fuiste fiel, sobre mucho te pondré; entra en el gozo de tu señor». Incluso aquí en la tierra nuestro gozo depende muchas veces de nuestra fidelidad hacia Dios, la cual Jesús modeló.

Valor

El ministerio y la vida en sentido general tienen situaciones capaces de amedrentar a muchos. El valor no puede depender de la carne; de hecho, la carne se amedrenta muy fácilmente. El valor es el resultado de tener la confianza puesta en Dios, reconociendo que Romanos 8:31 dice que «Si Dios por nosotros, ¿quién contra nosotros?» (RVR1960). Y esta actitud valiente es reforzada más adelante en 2 Timoteo 1:7, cuando dice: «Porque no nos ha dado Dios espíritu de cobardía, sino de poder, de amor y de dominio propio». Sin esta condición, Jesús no hubiese podido enfrentarse a Pilatos o a Herodes o incluso a la cruz misma.

No ser contencioso y tener mansedumbre

Esto resulta de manera natural cuando nuestro orgullo ha sido aplastado y la humildad cultivada. La mansedumbre va siempre de la mano con el hecho de no ser contencioso porque mansedumbre es la sensibilidad que poseen aquellos que no son capaces de herir al otro de manera intencional, que no tienen prejuicios en su corazón, tampoco ira, ni tampoco raíces de amargura. Jesús nos dijo: «aprended de mí, que soy manso y humilde de corazón…» (Mat. 11:29).

La vida de servicio de Jesús nos enseña esto

1. Que ninguna tarea es tan pequeña como para que yo no pueda hacerla (Juan 15:20).
2. Que el mejor adorno de la enseñanza es una vida de servicio (Mat. 20:28).
3. Que el servicio no es una opción (Juan 13:14).
4. Que «la rama con más frutos es la que más se dobla hacia abajo».[8]
5. Que el servir no me rebaja, sino que, al contrario, me hace ganar respeto.
6. Que el orgullo nunca sirve; es la humildad la que sabe hacer eso.
7. Que no servimos más porque no amamos más, ni a Dios ni a los demás.

Conclusión: la vida de Jesús me llama a servir

Durante toda Su vida Jesús modeló cada uno de los principios enumerados más abajo, a pesar de ser el maestro. No se trata de quién es el siervo y quién es el amo. En la vida cristiana se trata solo de Dios y de la mejor manera de honrarlo y glorificarlo. Por eso un verdadero siervo no pregunta a quién le toca hacer algo, sino que, habiéndose percatado de la necesidad, acude al lugar para llenar dicha necesidad.

Dios nos ha llamado a una vida de servicio por varias razones:

- Para servir yo necesito morir a mí mismo, y esa muerte contribuye a destruir el orgullo con el cual todos hemos nacido.
- La vida de servicio me permite vivir centrado en el otro y por lo tanto me ayuda a salir de mí mismo, con lo cual Dios me ayuda a destruir mi egocentrismo.
- Para llevar una vida de servicio necesito renunciar a mis derechos y esto inmediatamente reduce el número de conflictos entre las personas.
- Servir me ayuda a entender que no se trata de mí, sino de Dios,

---

8. Chuck Swindoll, en una de sus alocuciones.

y por lo tanto me impulsa a modelar la vida cristiana de una forma que represente a Dios.

- Un verdadero siervo no toma en cuenta sus privilegios, sino sus responsabilidades.
- Un verdadero siervo raramente se ofende, porque él reconoce que no tiene nada que perder ni nada que probar.

Preguntas

1. ¿Qué enseñanzas puedes obtener de la actitud de servicio de Jesús?

2. ¿De qué manera contribuye la vida de servicio a formar la imagen de Cristo en ti?

3. ¿Qué cosas pueden ser un impedimento en tu vida de servicio?

4. ¿Cómo puedes poner en práctica en tu vida cotidiana el servicio modelado por Jesús? Escribe algunas ideas y ponlas en práctica esta misma semana.

5. Cita algunas aptitudes que la vida de servicio de Jesús te enseña.

CAPÍTULO 6

JESÚS COMO PROFETA, SACERDOTE Y REY

Jesús es llamado Príncipe de paz. «Nuestro problema es que queremos la paz sin el Príncipe».

ADDISON LEITCH

Las profecías del Antiguo Testamento anuncian a la persona de Jesús no solo como el Mesías que había de venir, sino también en Sus diferentes oficios de profeta, sacerdote y rey. Dentro del pueblo hebreo había tres funciones u oficios claramente identificados:

- *Profeta:* alguien elegido por Dios para hablarle al pueblo de parte de Dios.
- *Sacerdote:* alguien descendiente de Leví que le hablaba a Dios de parte del pueblo.
- *Rey:* idealmente era alguien ungido por Dios (David) para gobernar la nación.

De acuerdo con la Palabra de Dios, Jesús vino a llenar esas tres funciones a la vez.

Jesús como profeta

La función número uno del profeta no era revelar el futuro, lo cual sería una función secundaria, sino exponer la voluntad de Dios. De Jesús podemos decir que fue un gran profeta; de hecho, no fue solo un gran profeta, sino que ha sido el más grande de todos los profetas. Y lo fue al exponer mejor que nadie la voluntad de Dios y al profetizar cosas todavía por venir. Aunque Jesús hizo predicciones acerca del futuro, Él vino principalmente a traer al pueblo un mensaje de parte de Dios: el mensaje de salvación, y por lo tanto podemos decir con propiedad que Él ejerció la función de profeta.

Una y otra vez Jesús afirmó que Él no había venido ni hablaba en Su propio nombre. Durante Su ministerio en la tierra, siempre le habló al hombre de parte de Dios Padre, al igual que los demás profetas que nunca hablaron en su propio nombre, sino en nombre de Aquel que los enviaba. Los siguientes versículos atestiguan cómo Jesús lo hizo:

Juan 5:19

«Por eso Jesús, respondiendo, les decía: En verdad, en verdad os digo que el Hijo no puede hacer nada por su cuenta, sino lo que ve hacer al Padre; porque todo lo que hace el Padre, eso también hace el Hijo de igual manera».

Juan 14:10

«¿No crees que yo estoy en el Padre, y el Padre en mí? Las palabras que yo os digo, no las hablo por mi propia cuenta, sino que el Padre que mora en mí es el que hace las obras».

Juan 5:36

«Pero el testimonio que yo tengo es mayor que el de Juan; porque las obras que el Padre me ha dado para llevar a cabo, las mismas obras que yo hago, dan testimonio de mí, de que el Padre me ha enviado».

Juan 7:16

«Jesús entonces les respondió y dijo: Mi enseñanza no es mía, sino del que me envió».

El pueblo de Israel había tenido diferentes profetas, pero ellos esperaban a uno especial, superior a los anteriores. Lo llamaban «el Profeta», no uno más, sino el profeta esperado. Lo esperaban con tanta seguridad porque les había sido prometido y ellos confiaban en la promesa de Dios.

Dios dijo a través de Moisés en Deuteronomio 18:18-19 lo siguiente: «Un profeta como tú levantaré de entre tus hermanos, y pondré mis palabras en su boca, [...] mis palabras que él ha de hablar en mi nombre». Este profeta sería Jesús.

No cualquier persona podía hacer las veces de profeta porque había ciertos requisitos que cumplir:

Tres condiciones para calificar como profeta

1. *El profeta tenía que ser elegido y enviado por Dios.* Jesús lo fue: 38 veces se menciona en el Evangelio de Juan que Jesús fue enviado por Dios.

Juan 12:49: «Porque yo no he hablado por mi propia cuenta, sino que el Padre mismo que me ha enviado me ha dado mandamiento sobre lo que he de decir y lo que he de hablar».

2. *El profeta tenía que revelar la voluntad de Dios.* Esa era su función primordial y Jesús la hizo, tal como lo revelan los versículos siguientes:

Juan 6:38-40: «Porque he descendido del cielo, no para hacer mi voluntad, sino la voluntad del que me envió. Y esta es la voluntad del que me envió: que de todo lo que Él me ha dado yo no pierda nada, sino que lo resucite en el día final. Porque esta es la voluntad de mi Padre: que todo aquel que ve al Hijo y cree en Él, tenga vida eterna, y yo mismo lo resucitaré en el día final».

3. *El profeta tenía que ser infalible al hablar en nombre de Dios,* como leemos más abajo.

Deuteronomio 18:20-22: «"Pero el profeta que hable con presunción en mi nombre una palabra que yo no le haya mandado hablar, o que hable en el nombre de otros dioses, ese profeta morirá". Y si dices en tu corazón: "¿Cómo conoceremos la palabra que el SEÑOR no ha hablado?" Cuando un profeta hable en el nombre del SEÑOR, si la cosa no acontece ni se cumple, ésa es la palabra que el SEÑOR no ha hablado; con arrogancia la ha hablado el profeta; no tendrás temor de él».

Jesús fue infalible al hablar. En Mateo 24:35, Jesús afirma que el cielo y la tierra pasarán, pero que Sus palabras no pasarán. Sus palabras fueron y permanecen infalibles. Jesús mismo afirmó que Él era profeta (Luc. 4:24; 13:33; Juan 4:44) y el pueblo mismo reconoció, además, la misión profética de Jesús (Mat. 21:10-11; Juan 6:14; 7:40).

Aplicaciones prácticas

En el día de hoy son muchos los que se levantan y se autodenominan profetas sin nunca haber sido ungidos por Dios como tales y sin tener la habilidad de hablar infaliblemente de parte de Dios como hicieron los profetas del Antiguo Testamento. Cuando alguien que se denomina profeta hace una profecía, esta debiera ser registrada para luego comprobar si se cumple al pie de la letra, como lo estipula Deuteronomio 18:20-22. Si no ocurre así, puede probarse que ese «profeta» ha hablado con arrogancia y por lo tanto ha hablado de manera falsa. Muchos son los falsos profetas que hay entre nosotros.

Jesús como sacerdote

Desde el Antiguo Testamento, Dios instituyó la función sacerdotal con el objetivo de que el sacerdote representara al pueblo delante de Dios y que le hablara a Él en representación del pueblo. En principio esta función le fue dada a Aarón, hermano de Moisés, como sumo sacerdote, tal como aparece en Números 18:1; pero luego le fue dada también a los levitas, tribu a la que pertenecía Aarón, como revela el siguiente pasaje:

Números 18:2: «Mas también a tus hermanos, la tribu de Leví, la tribu de tu padre, haz que se acerquen para que se junten contigo y te sirvan, mientras que tú y tus hijos contigo estéis delante de la tienda del testimonio».

El sumo sacerdote escogido por Dios (Heb. 5:1-4) tenía la santa tarea de ofrecer sacrificio por el perdón de los pecados del pueblo. Él era el único que podía entrar al lugar santísimo y esto lo hacía una vez al año, el día de la expiación (Lev. 16). Pero para hacerlo tenía primero que purificarse, ofreciendo un sacrificio por sus propios pecados.

Cristo, por ser santo en Su misma esencia, pudo llevar una vida santa en la tierra y por tanto entrar a la presencia misma del Dios Altísimo, y ofrecer Su propia vida en sacrificio por los pecados de todos. De este modo ejerció la función de sacerdote. Una de las diferencias del sacerdocio de Cristo con los sacerdotes del Antiguo Testamento es el hecho de que Cristo no tuvo que ofrecer nunca sacrificios por Sus propios pecados porque Él nació, vivió y murió sin pecado.

Otra diferencia del sacerdocio de Jesús es que no era descendiente de Leví como debían ser todos los sacerdotes, sino que fue sacerdote descendiente de la tribu de Judá. Por esta razón la Carta a los Hebreos dice en 5:6: «TÚ ERES SACERDOTE PARA SIEMPRE SEGÚN EL ORDEN DE MELQUISEDEC». Melquisedec se menciona en el Antiguo Testamento como sacerdote del Dios Altísimo a quien Abraham le pagara el diezmo como señal de reconocimiento de la superioridad del uno sobre el otro (Gén. 14:17-24). No se habla de su genealogía ni tampoco se sabe nada de su muerte; fue establecido por lo tanto como sacerdote sin principio ni fin. De ahí que el sacerdocio de Jesús sea comparable con el de Melquisedec, primero, porque no perteneció a la tribu de Leví de la cual descendían los sacerdotes, como tampoco perteneció Melquisedec, pero además porque, al igual que en el caso de Melquisedec, del sacerdocio de Cristo se puede decir que no tuvo principio ni fin. Él siempre ha sido el mismo desde toda la eternidad.

Algo que tipificaba y apuntaba de manera perfecta hacia el sacerdocio de Cristo era el ritual que se realizaba el día de la expiación en el templo judío. **Levítico 16** describe cómo el sumo sacerdote del Antiguo Testamento, antes de entrar al lugar santísimo, el Día de la Expiación, debía despojarse de sus ropas sacerdotales (el pectoral y el efod), simbólicas de gloria, y quedarse solamente con una túnica de lino blanco, como símbolo de pureza. Así había sido dictaminado por Dios. Luego ofrecía los sacrificios estipulados por la ley para tal día y al terminar se alistaba para salir de dicho lugar y volvía a colocarse de nuevo el pectoral. El pectoral tenía entre otras cosas doce piedras preciosas, que representaban a las doce tribus de Israel. Esta vestimenta representaba en gran manera la gloria de la figura sacerdotal, la cual apuntaba hacia la persona de Jesús. ¿Por qué es esto importante? Por lo que vemos en **Filipenses 2:5-9**, de cómo Cristo al encarnarse se despojó de Su gloria, y en **Hebreos 9:11**, que nos habla de Cristo como el Sumo Sacerdote.

Esto concuerda con lo que el sacerdote del Antiguo Testamento hacía el Día de la Expiación. Cuando el sumo sacerdote se despojaba de sus ropas sacerdotales, estaba tipificando a Cristo quien al venir a la tierra se despojó de Su gloria. Al quedarse el sumo sacerdote solo con una túnica de lino blanco para ofrecer sacrificio, estaba tipificando la santidad de Cristo al vivir y morir sin pecado, quien al final de Su vida ofrecería un sacrificio (Su propio cuerpo crucificado) sin mancha (Heb. 9:14). Luego el sumo sacerdote, después de ofrecer sacrificios, volvía a vestirse con sus ropas sacerdotales el mismo Día de la Expiación. Con esto estaba tipificando de nuevo a Cristo, quien después de morir volvería al Padre para ser investido de nuevo con toda Su gloria (Juan 13:4-5). De ese modo, Jesús en el Calvario pasó a ser nuestro gran Sumo Sacerdote.

Romanos 8:34 habla de que Él está sentado a la derecha del Padre intercediendo por nosotros, y esa es una función sacerdotal. En la cruz, de una forma muy singular, Cristo pasó a ser sacrificio y sacerdote a la vez al ofrecerse a sí mismo. El sacerdocio de Cristo puso fin al sacerdocio del Antiguo Testamento. En el momento en que Cristo muere en la cruz, el velo del templo que separaba el lugar santo del lugar santísimo se rasgó en dos (Mat. 27:51) y de esta forma el lugar santísimo, que representaba la presencia de Dios, quedó expuesto, lo que simbolizó que Cristo había abierto el acceso al Padre a través de Su persona. En adelante, ya no habría necesidad de ir ante el sacerdote terrenal a confesar nuestros pecados porque ahora tenemos un mejor sacerdote, quien está sentado a la derecha del Padre y quien intercede ante Él por todos aquellos que se acercan con un corazón contrito y humillado. El Libro de Hebreos explica en los capítulos 8 y 9 cómo Cristo es mediador de un mejor pacto, con mejores promesas, que el establecido en el Antiguo Testamento. Su sacrificio nos da confianza para acercarnos al trono de la gracia como explica este pasaje:

Hebreos 10:19-23: «Entonces, hermanos, puesto que tenemos confianza para entrar al Lugar Santísimo por la sangre de Jesús, por un camino nuevo y vivo que Él inauguró para nosotros por medio del velo, es decir, su carne, y puesto que tenemos un gran sacerdote sobre la casa de Dios, acerquémonos con corazón sincero, en plena certidumbre de fe, teniendo nuestro corazón purificado de mala conciencia y nuestro cuerpo lavado con agua pura. Mantengamos firme la profesión de nuestra esperanza sin vacilar, porque fiel es el que prometió».

Jesús como rey

Desde el Antiguo Testamento (2 Sam. 7:12-13), Dios había anunciado al pueblo judío un rey descendiente del linaje de David, cuyo reinado sería eterno. Dios confirma esto de nuevo en Isaías 9:7: «El aumento de su soberanía y de la paz no tendrán fin sobre el trono de David y sobre su reino, para afianzarlo y sostenerlo con el derecho y la justicia **desde entonces y para siempre.** El celo del SEÑOR de los ejércitos hará esto».

En el Nuevo Testamento, en **Lucas 1:26-32,** Dios anuncia a María por medio del ángel Gabriel que el hijo que ella iba a tener ocuparía el trono de David y que sería un rey eterno porque Su reinado no tendría fin. Esta promesa representaba el cumplimiento de algo que ya había sido profetizado en el Antiguo Testamento y que se refería al reinado de Jesús. Veamos cómo Lucas lo relata.

Lucas 1:26-32: «Y al sexto mes, el ángel Gabriel fue enviado por Dios a una ciudad de Galilea llamada Nazaret, a una virgen desposada con un hombre que se llamaba José, de los descendientes de David; y el nombre de la virgen era María. Y entrando el ángel, le dijo: ¡Salve, muy favorecida! El Señor está contigo; bendita eres tú entre las mujeres. Pero ella se turbó mucho por estas palabras, y se preguntaba qué clase de saludo sería este. Y el ángel le dijo: No temas, María, porque has hallado gracia delante de Dios. Y he aquí, concebirás en tu seno y darás a luz un hijo, y le pondrás por nombre Jesús. Este será grande y será llamado Hijo del Altísimo; y el Señor Dios le dará el trono de su padre David».

En **Juan 18:36-37**, Jesús mismo se revela como Rey, algo que se reconfirma en Apocalipsis 15:3, donde Cristo es nombrado como el Rey de reyes. Mirando hacia atrás en la historia de Israel, los reyes gobernaban de forma suprema y soberana, a pesar de que no cumplían las condiciones para reinar de esa forma. Jesús es Supremo y Soberano, y posee las condiciones para gobernar de esa forma: con santidad y poder absoluto. Su reinado fue inaugurado con Su venida a la tierra, pero aún no ha sido completado.

Muchos son los que se quejan por las condiciones de maldad imperantes en el mundo y llegan incluso a cuestionar la benevolencia de Dios. Debemos recordar que el reinado de Cristo fue inaugurado, pero no ha sido instaurado aún sobre la tierra. Poner en tela de juicio la gestión de Dios sobre la tierra, es como cuestionar a un presidente recién inaugurado su período de gobierno por no haber completado su programa.

En un sentido, el reinado de Cristo comenzó en nuestros corazones al recibirlo como Señor y Salvador, pero llegará un momento en que habrá la instauración de un reino aquí en la tierra presidido por Cristo (Apoc. 20:6) y entonces veremos Su gloria y la reivindicación de Su justicia.

Conclusión

Como profeta, Jesús reemplazó a Moisés y vino a cumplir la profecía hecha por Moisés mismo en Deuteronomio 18:20-22. Podríamos decir que la función de profeta fue asumida por Cristo después de ser bautizado en el Jordán, cuando Él comenzó a proclamar las buenas nuevas del reino de los cielos, revelando así la voluntad de Dios para con el hombre.

Como sacerdote, Cristo reemplazó a Aarón y sus descendientes. Cristo asumió esta función sacerdotal el día de Su crucifixión a la hora de ofrecer Su cuerpo como sacrificio, y desde Su ascensión ha estado sentado a la derecha del Padre intercediendo por nosotros.

Como rey, reemplazó a David y Su reinado se convirtió en un reinado eterno. Por eso, Jesús es llamado en Apocalipsis 19:16 «Rey de reyes y Señor de señores». Él asumió esta función cuando se sentó a la diestra del Padre. Su reinado alcanzará su máxima expresión cuando someta a todos Sus enemigos e instaure Su reinado aquí en la tierra, según se ve en Apocalipsis 20.

Preguntas

1. ¿En qué sentido decimos que Jesús mientras estuvo en la tierra ejerció la función de profeta?

2. ¿En qué forma es Jesús nuestro Sumo Sacerdote?

3. Menciona algunas diferencias entre el sacerdocio de Jesús y el sacerdocio que ejerció Aarón.

4. ¿Fue anunciado el reinado de Jesús? ¿Cuándo fue inaugurado Su reinado?

5. En el Antiguo Testamento aparecen figuras prototipos tanto de profeta como de sacerdote y rey. ¿A quiénes vino Jesús a reemplazar en cada una de esas funciones?

CAPÍTULO 7

JESÚS COMO MAESTRO

*«Todo lo que Jesús enseñó giraba en torno a la verdad: la
verdad sobre el mundo, la verdad sobre las relaciones y la
verdad sobre Dios. Las cosas que enseñó y la forma como
las enseñó sentó un ejemplo para todos los grandes maestros
que vinieron después de Él».*

BRUCE BICKEL Y STAN JANTZ

El término *Maestro*, que se refiere a la persona de Jesús, aparece
más de 45 veces en los Evangelios. No obstante, a la hora de
discipular al creyente, pocas veces se resalta Su labor como tal,
dado que Su rol como Mesías y Salvador ha ocupado más la mente
de muchos teólogos que la labor que desempeñó como gran
maestro de la Palabra. En otras religiones no cristianas se ha dicho
de Jesús que fue un *maestro ascendido* o el *maestro iluminado*,
pero hasta en esos círculos no se ha dimensionado correctamente
esa faceta de Jesús. A quienes no aceptan el mensaje no les es
posible interpretar de manera correcta al mensajero.

Un maestro podría ser definido como una persona que se
dedica a instruir a otros sobre un tema en particular; pero
la esencia del maestro va muchos más allá de esta simple
definición. Decía alguien que un verdadero maestro es aquella
persona que «a través de su propia existencia le revela al
discípulo el verdadero sentido del valor y de la vida. Para un
verdadero maestro lo más importante no es enseñar, sino darse

como complemento de lo que enseña». Esto significa que el maestro enseña, pero luego modela lo enseñado, aun si esto implicara el sacrificio, siempre en aras del crecimiento de sus discípulos. Y en ese sentido Jesús fue inigualable. En la época en que Él vivió, un maestro no era solo alguien que se dedicaba a instruir, sino que el pueblo le reconocía ese título a quien, después de haber demostrado no solo su habilidad para enseñar, demostraba también templanza, firmeza de carácter y sabiduría para guiar a otros a encontrar soluciones a sus problemas cotidianos.

En cuanto al carácter exhibido por Cristo como maestro, Él permanece sin rival. «Nunca ha habido un carácter como el suyo, tan humilde y tan fuerte, tan enfocado en la oración y tan aterrizado, tan apacible y tan enérgico, tan amoroso, sin sentimentalismo y tan dinámico, pero sin ser autoritario».[9] Michael Green, en el libro citado a pie de página, compara el carácter de Jesús como maestro con el de otros grandes líderes religiosos y nos deja ver cómo «Buda tuvo una vida muy acomodada en sus inicios; Confucio tuvo un matrimonio que fue un desastre y terminó en divorcio; Sócrates se sintió atraído hacia los jóvenes varones; Mahoma tuvo once esposas y múltiples concubinas a pesar de que él dijo que había recibido autorización para tener solo cuatro (sura 4.3)». Pero Jesús demostró ser algo totalmente diferente. Él proclamó un estándar aún más alto que lo que el pueblo hebreo había vivido, a pesar de que ellos fueron quienes recibieron los Diez Mandamientos. Después de proclamar ese estándar, Él vivió en conformidad con esa ley y desde entonces nadie ha podido cuestionar la integridad de Su vida.

Las enseñanzas de Jesús mostraban autoridad

La autoridad de Jesús en Sus enseñanzas era incuestionable porque Él no solo era el Maestro, sino que al mismo tiempo era la persona de quien hablaban las enseñanzas. En la historia no ha habido otro

---

9. Michael Green, *But Don't All Religions Lead to God* [Pero no todas las religiones llevan a Dios] (Grand Rapids: Baker Books, 2002).

ejemplo en el que el maestro sea el sujeto que enseña y, a la vez, el objeto de la enseñanza. Cuando esa enseñanza fue respaldada con las intervenciones sobrenaturales propias de Dios, eso convenció a muchos de que no estaban en presencia de un mero mortal. Nicodemo dio testimonio de esto. **Juan 3:1-2** relata la historia de un importante fariseo llamado Nicodemo que vino de noche a ver a Jesús y cuya expresión fue la siguiente: «[S]abemos que has venido de Dios como maestro, porque nadie puede hacer las señales que tú haces si Dios no está con él». Nicodemo era un hombre ilustre, reconocido entre los judíos, de modo que cuando él le confiere a Jesús el título de Maestro, estaba reconociendo Su superioridad sobre muchos. Una de las características del maestro, que hace que su audiencia le preste atención, es el sentido de autoridad que puedan percibir sus seguidores. Ese sentido de autoridad depende frecuentemente del dominio que muestre del tema enseñado. Si esto va acompañado de sabiduría para responder las interrogantes de quienes le escuchan, entonces su autoridad aumenta con creces. Y esto es precisamente lo que se ve en las páginas del Nuevo Testamento que hablan de las enseñanzas de Jesús. Veamos:

Marcos 1:27-28: «Y todos se asombraron de tal manera que discutían entre sí, diciendo: ¿Qué es esto? ¡Una enseñanza nueva con autoridad! Él manda aun a los espíritus inmundos y le obedecen. Y enseguida su fama se extendió por todas partes, por toda la región alrededor de Galilea». Este fue el veredicto de aquellos que lo oyeron predicar y enseñar. El texto dice que Su fama se esparció por todo el área; el pueblo de Israel no había oído enseñanza semejante. Por aproximadamente 400 años (entre el final del Antiguo Testamento y el comienzo del Nuevo Testamento), Dios no había traído revelación nueva a Su pueblo. Y un día, de repente, Jesús sale bautizado del río Jordán y comienza a proclamar y a enseñar las buenas nuevas del reino de los cielos, y enseguida comenzaron las multitudes a seguirlo. Las masas lo seguían no porque les prometía prosperidad económica o privilegios especiales, sino porque les hablaba de aquellas cosas que el hombre está necesitado para llenar el vacío que lleva en su corazón desde sus primeros años. El poder de atracción que ejerció Su enseñanza a pesar de lo alto de Su estándar fue increíble. Había algo en Sus palabras y en la forma de exponerlas que convencía al oyente de que estaba en presencia de alguien especial. Había una congruencia entre Su hablar y Su caminar que transmitía autoridad y confianza a la vez. Su sentido de autoridad era tal que revisó, amplificó y hasta llegó a abolir toda la ley civil y ritual perteneciente a la ley de Moisés.

En **Mateo 5:38-39** leemos sobre cómo Cristo *revisó* la misma ley de Moisés: «Habéis oído que se dijo: "OJO POR OJO Y DIENTE POR DIENTE". Pero yo os digo: no resistáis al que es malo; antes bien, a cualquiera que te abofetee en la mejilla derecha, vuélvele también la otra».

En el Antiguo Testamento, la venganza se correspondía con la gravedad de la violación; sin embargo, Jesús al enseñar, prohíbe la venganza, por completo. Este pasaje del Antiguo Testamento ponía de manifiesto la justicia de Dios, pero Cristo viene, no tildando de errado el principio, sino estableciendo un nuevo parámetro para la relación con los demás: la medida de la gracia, que ponía de manifiesto otro más de los atributos de Dios.

Mateo 5:27-28 plasma cómo Él *amplió* el sentido de la ley: «Habéis oído que se dijo: "NO COMETERÁS ADULTERIO". Pero yo os digo que todo el que mire a una mujer para codiciarla ya cometió adulterio con ella en su corazón».

La letra de la ley prohibía tener relaciones sexuales fuera del matrimonio, pero Él hace énfasis en el espíritu de la ley que condena no solo el hecho consumado, sino también el desear de manera ilícita (codiciar) a alguien que no fuera el cónyuge. La letra de la ley tenía más que ver con la acción, mientras que el espíritu de la ley tenía que ver con la intención del corazón. Como maestro, Jesús hizo más énfasis en el corazón que en la acción misma porque es allí donde residen los pecados que nadie ve y donde se origina todo pecado de acción u omisión.

En **Marcos 7:18-20** se encuentra una ilustración de cómo Jesús *anuló* ciertos requerimientos de la ley: «Y Él les dijo: ¿También vosotros sois tan faltos de entendimiento? ¿No comprendéis que todo lo que de afuera entra al hombre no le puede contaminar, porque no entra en su corazón, sino en el estómago, y se elimina? [...] Y decía: Lo que sale del hombre eso es lo que contamina al hombre».

Con esto estaba anulando hábitos dietéticos que por años se habían convertido en prácticas religiosas en el pueblo hebreo, enseñando que toda la ley dietética y las celebraciones judías apuntaban hacia Su persona. Llegado el Mesías, las restricciones relacionadas con los alimentos y las mismas fiestas religiosas no tenía sentido que siguieran existiendo. De ahí las instrucciones de Pablo a los Colosenses en 2:16-17: «Por tanto, que nadie se constituya en vuestro juez con respecto a comida o bebida, o en cuanto a día de fiesta, o luna nueva, o día de reposo; cosas que solo son sombra de lo que ha de venir, pero el cuerpo pertenece a Cristo».

Jesús supo ilustrar Sus enseñanzas

La pedagogía moderna ha demostrado que las personas que no han alcanzado un buen nivel de educación o preparación aprenden mejor por medio de ilustraciones e historias contadas. Y ese fue el caso de la población a la que Cristo le tocó ministrar. En ese sentido Jesús fue un experto. En ausencia de recursos audiovisuales, las parábolas le proporcionaron una herramienta excelente para ilustrar Sus enseñanzas. Jesús hizo uso de este recurso con mucho más frecuencia de lo que hemos pensado. De hecho un 35 % del contenido de los Evangelios sinópticos está desarrollado de esa forma. La parábola, como historia imaginaria, usa elementos de la vida cotidiana o de la naturaleza para mostrar una lección moral. No hay nada en la literatura hebrea antes de la venida de Cristo comparable con las parábolas de Jesús. Y fuera de los cuatro Evangelios no encontramos ningún otro autor en el Nuevo Testamento haciendo uso de las parábolas en sus enseñanzas. Este sistema de enseñanza constituía una metodología desarrollada alrededor de un suceso imaginario, pero de aplicación práctica. Las parábolas revelaban y ocultaban al mismo tiempo, como pone de manifiesto el texto siguiente:

Mateo 13:10-15: «Y acercándose los discípulos, le dijeron: ¿Por qué les hablas en parábolas? Y respondiendo Él, les dijo: Porque a vosotros se os ha concedido conocer los misterios del reino de los cielos, pero a ellos no se les ha concedido. Porque a cualquiera que tiene, se le dará más, y tendrá en abundancia; pero a cualquiera que no tiene, aun lo que tiene se le quitará. Por eso les hablo en parábolas; porque viendo no ven, y oyendo no oyen ni entienden. Y en ellos se cumple la profecía de Isaías que dice: "AL OÍR OIRÉIS, Y NO ENTENDERÉIS, Y VIENDO VERÉIS, Y NO PERCIBIRÉIS; PORQUE EL CORAZÓN DE ESTE PUEBLO SE HA VUELTO INSENSIBLE Y CON DIFICULTAD OYEN CON SUS OÍDOS; Y SUS OJOS SE HAN CERRADO, NO SEA QUE VEAN CON LOS OJOS Y OIGAN CON LOS OÍDOS, Y ENTIENDAN CON EL CORAZÓN, Y SE CONVIERTAN Y YO LOS SANE».

Se requiere una sabiduría muy especial para revelar, esconder y juzgar a la vez mediante una misma historia como vemos en las parábolas. En Su enseñanza en parábolas, Jesús hacía uso de circunstancias cotidianas, pero que apuntaban hacia la vida espiritual de la persona. Por lo tanto, la enseñanza de la parábola iba mucho más allá de lo que mostraban las palabras. Warren Wiersbe dice en su comentario sobre el Evangelio de Marcos que «una parábola es inicialmente como un cuadro que nos llama la atención; en la medida en que lo estudias se convierte como en un espejo donde nos vemos a nosotros mismos y, si continuamos observando por fe, el espejo se convierte como en una ventana a través de la cual vemos a Dios y Su verdad». Cristo fue un maestro extraordinario al lograr que esto ocurriera a través de Sus enseñanzas.[10]

Jesús conocía muy bien a Su audiencia. Sabía que la mayoría carecía de una buena educación, por lo que siempre trató de adaptar Su comunicación al nivel de las masas. En ese sentido hizo uso de múltiples figuras del lenguaje como las que se describen a continuación, y lo hizo de una forma magistral:

La hipérbole es una forma de exagerar los hechos, con el fin de

---

10. Warren W. Wiersbe, *The Bible Exposition Commentary* [Comentario bíblico expositivo], Vol. 1, (Wheaton: Victor Books, 1989), 121.

enfatizarlos. Una cosa es exagerar los hechos con la intención de engañar, haciendo creer algo que no es real o verdadero, y otra cosa es enfatizarlos mediante una hipérbole. En el caso de la hipérbole, es obvio para el oyente que lo dicho es una exageración intencionada con un propósito definido: dejar una enseñanza. Una de las hipérboles utilizadas por Jesús en la que se muestra con claridad Su maestría al enseñar es la siguiente:

Mateo 5:29-30: «Y si tu ojo derecho te es ocasión de pecar, arráncalo y échalo de ti; porque te es mejor que se pierda uno de tus miembros, y no que todo tu cuerpo sea arrojado al infierno. Y si tu mano derecha te es ocasión de pecar, córtala y échala de ti; porque te es mejor que se pierda uno de tus miembros, y no que todo tu cuerpo vaya al infierno».

Jesús no estaba hablando literalmente de sacarse el ojo, sino de echar fuera de ti aquello que te hace pecar. Este era un modo de transmitir al individuo la gravedad del pecado y lo radicales que tenemos que ser cuando se trata del pecado.

El símil, parecido a la metáfora, lo usó como método de comparación para transmitir enseñanzas morales o espirituales. Esta figura del habla hacía uso con frecuencia de la palabra *como*.

Mateo 10:16: «Mirad, yo os envío *como* ovejas en medio de lobos; por tanto, sed astutos como las serpientes e inocentes *como* las palomas».

El judío conocía la mansedumbre de las palomas y la ferocidad de los lobos, y de ese modo entendía mejor cómo vivir sin malicia, pero cuidándose de aquellos que en el mundo siempre tratan de guiar a otros hacia la maldad y el pecado.

La metáfora, parecida al símil, es una figura comparativa, pero que no usa la palabra *como*; sin embargo, presenta algo con lo que el individuo está bien familiarizado y que le puede servir de ejemplo.

Mateo 5:13: «Vosotros sois la sal de la tierra; pero si la sal se ha vuelto insípida, ¿con qué se hará salada otra vez? Ya para nada sirve, sino para ser echada fuera y pisoteada por los hombres». El cristiano del primer siglo conocía muy bien el efecto de la sal porque, en ausencia de refrigeración, el uso de ella era el método de preservación para los alimentos. Por eso, esta fue una forma metafórica utilizada por Jesús para enseñarles cómo debía el cristiano contribuir a «preservar» su sociedad.

La paradoja y la formulación de preguntas fueron usadas con frecuencia como formas de enseñanza. Decía Denis Diderot, creador de *Enciclopedia*, que «la esencia entera de la educación consiste en provocar la duda y la interrogación». Jesús supo crear esa duda a través del uso de las paradojas. Una paradoja es una expresión del habla que en la superficie parece contradictoria, pero que la enseñanza está precisamente en aquello que parece ser una contradicción. Nadie como Jesús para mover a las personas a la interrogación reflexiva.

Marcos 8:35: «Porque el que quiera salvar su vida, la perderá; pero el que pierda su vida por causa de mí y del evangelio, la salvará».

Con esta expresión paradójica les dejaba sembrada la duda de que los guiaría a seguir buscando hasta llevarlos a encontrar el verdadero significado de lo enseñado. Jesús, como todo buen maestro, supo también manejar las preguntas para crear la interrogante que conduce al aprendizaje.

Mateo 16:2-3 es una buena ilustración de este uso: «Pero respondiendo Él, les dijo: Al caer la tarde decís: "Hará buen tiempo, porque el cielo está rojizo". Y por la mañana: "Hoy habrá tempestad, porque el cielo está rojizo y amenazador". ¿Sabéis discernir el aspecto del cielo, pero no podéis discernir las señales de los tiempos?».

El maestro que le da todo digerido al discípulo no lo entrena para investigar; pero Jesús supo usar las preguntas para enseñarlos a pensar y de esa forma los motivaba a seguir aprendiendo. Supo usar las **preguntas** (Mat. 16:13) como forma de crear introspección y traer a la luz lo que estaba en el corazón. En otras ocasiones, cuando intentaron atraparlo con alguna pregunta cuya respuesta luego pudieran usar en su contra, Él usó las contrapreguntas, como aparece en el texto siguiente:

Marcos 11:27-33: «Llegaron de nuevo a Jerusalén; y cuando Jesús andaba por el templo, se le acercaron los principales sacerdotes, los escribas y los ancianos, y le dijeron: ¿Con qué autoridad haces estas cosas, o quién te dio la autoridad para hacer esto? Y Jesús les dijo: Yo también os haré una pregunta; respondédmela, y entonces os diré con qué autoridad hago estas cosas. El bautismo de Juan, ¿era del cielo o de los hombres? Respondedme. Y ellos discurrían entre sí, diciendo: Si decimos: "Del cielo", Él dirá: "Entonces, ¿por qué no le creísteis?". ¿Mas si decimos: "De los hombres"? Pero temían a la multitud, porque todos consideraban que Juan verdaderamente había sido un profeta. Y respondiendo a Jesús, dijeron: No sabemos. Y Jesús les dijo: Tampoco yo os diré con qué autoridad hago estas cosas».

Definitivamente, la habilidad de Jesús para enseñar no tuvo ni tiene comparación ni sustituto, independientemente de la circunstancia en que se encontrara enseñando, frente a una persona, frente a una multitud, mediante un sermón, mediante un diálogo; con o sin figuras del habla. En Su enseñanza, como en todo, fue único, y Su magisterio fue singular.

Jesús enseñó de forma reveladora

Otra de las características de Jesús al enseñar fue Su habilidad para revelar las verdades del Padre y Su habilidad para desvelar lo que estaba escondido en el corazón del hombre. Muchos están familiarizados con la historia de la mujer tomada en adulterio que aparece en **Juan 8:1-12**. En este texto, Jesús dice a los acusadores: «El que de vosotros esté sin pecado, sea el primero en tirarle una piedra» (v. 7b). Y agrega que «al oír ellos esto, se fueron retirando uno a uno [...] y dejaron solo a Jesús». La realidad es que la forma como los enfrentó reveló sus pecados y los hizo sentirse condenados por sus propias conciencias. Después que cada uno partió, Jesús le preguntó a la mujer adúltera: «Mujer, ¿dónde están ellos? ¿Ninguno te ha condenado? [...] Yo tampoco te condeno. Vete; desde ahora no peques más» (Juan 8:10-11). Jesús usó un mismo suceso para revelarles a los acusadores su autojusticia y a la mujer su pecado de adulterio. Una vez más se mostró el genio de este gran maestro. Jesús conocía la maldad del corazón del hombre, pero conocía la bondad del corazón de Dios. Y como Dios omnisciente conocía también los pensamientos del hombre (Luc. 6:8). Por eso anunció a Pedro cómo él lo iba a negar tres veces (Mar. 14:30) y, aunque Pedro no aceptó que esto pudiera ocurrir, los Evangelios nos muestran cómo se cumplió lo anunciado. Con esto, Cristo les enseñaba cómo Él conocía el futuro; les enseñaba acerca del perdón de Dios y de cómo hasta las caídas futuras de los hijos de Dios ya han sido tomadas en cuenta a la hora de Dios escribir la historia.

Jesús enseñó de forma confrontadora

Si algo caracterizó las enseñanzas de Jesús fue que no se llevaron a cabo en un aula de clase, sino que usó las experiencias vividas para enseñar, corregir y amonestar. Consoló al afligido, pero confrontó la superficialidad con la que vivían Sus discípulos, enseñando siempre que las cosas temporales no pueden producir satisfacción. Prestemos atención a cómo Jesús trae esta enseñanza por medio de una comparación con la naturaleza:

Mateo 6:25-30: «Por eso os digo, no os preocupéis por vuestra vida, qué comeréis o qué beberéis; ni por vuestro cuerpo, qué vestiréis. ¿No es la vida más que el alimento y el cuerpo más que la ropa? Mirad las aves del cielo, que no siembran, ni siegan, ni recogen en graneros, y sin embargo, vuestro Padre celestial las alimenta. ¿No sois vosotros de mucho más valor que ellas? ¿Y quién de vosotros, por ansioso que esté, puede añadir una hora al curso de su vida? Y por la ropa, ¿por qué os preocupáis? Observad cómo crecen los lirios del campo; no trabajan, ni hilan; pero os digo que ni Salomón en toda su gloria se vistió como uno de éstos. Y si Dios viste así la hierba del campo, que hoy es y mañana es echada al horno, ¿no hará mucho más por vosotros, hombres de poca fe?». Una ilustración sencilla puso de manifiesto una verdad profunda de la vida del ser humano.

Él supo confrontar también la incredulidad (**Mat. 8:26**) y como maestro mostró sensibilidad suficiente hacia Sus discípulos cuando estuvieron en momentos de dificultad; pero supo también mostrar fortaleza para confrontar las debilidades de aquellos a los que Él estaba enseñando, a fin de que, en Su ausencia, estuvieran capacitados para asumir el liderazgo.

Su confrontación nunca ocurrió despegada de Su gracia y misericordia. Siempre supo mantener el equilibrio entre la gracia y la verdad (Juan 1:14).

Muchos han visto en Jesús un obrador de milagros, pero la realidad es que Sus milagros nunca estuvieron divorciados de Sus enseñanzas. Lamentablemente, el ser humano ha puesto siempre su mayor énfasis en los milagros que Jesús puede hacer a su favor y no en las enseñanzas que quiso dejar al obrar los milagros. Pero estos no fueron más que un instrumento para glorificar Dios, confirmar al mensajero y el mensaje e ilustrar Sus enseñanzas. Observemos:

Mateo 4:23 dice: «Y Jesús iba por toda Galilea, enseñando en sus sinagogas y proclamando el evangelio del reino, y sanando toda enfermedad y toda dolencia en el pueblo».

Nótese en el versículo anterior la relación entre la proclamación de Su evangelio y la realización de milagros. Lo mismo se ve también en Mateo 9:35 y Lucas 5:17.

Mateo 9:35: «Y Jesús recorría todas las ciudades y aldeas, enseñando en las sinagogas de ellos, proclamando el evangelio del reino y sanando toda enfermedad y toda dolencia».

Lucas 5:17: «Y un día que Él estaba enseñando, había allí sentados algunos fariseos y maestros de la ley que habían venido de todas las aldeas de Galilea y Judea, y de Jerusalén; y el poder del Señor estaba con Él para sanar».

Dios ha usado siempre los milagros para confirmar el mensaje o al mensajero, como mencionamos más arriba; y así mismo ocurrió con los milagros de Jesús.

Conclusión

Si hay alguna característica de la persona de Jesús que ha sido universalmente reconocida es Su habilidad para enseñar. Muchos son los que han negado Su divinidad, pero aun ellos con frecuencia lo han reconocido como un gran maestro por Su capacidad de comunicar con claridad y convicción, con palabras y con hechos, con firmeza y con gracia a la vez.

A pesar de haber vivido una vida tan diferente a la de todo ser humano, supo encontrar siempre un punto de contacto entre Él y aquellos a quienes enseñaba, sin importarle la condición económica y el estrato social al que pertenecieran.

Se relacionó sin problemas con los niños (Mat. 19:14).
Se relacionó sin prejuicios con las prostitutas (Luc. 7:37).
Se relacionó sin rechazo con los ricos (Mat. 19:16).
Se relacionó sin distanciamiento con los leprosos (Mar. 1:40).

Esto es fundamental en un maestro porque no hay ninguna posibilidad de que una enseñanza pueda ser asimilada por los que la escuchan si no ha habido primero un diálogo que relacione al maestro y al discípulo, lo cual Jesús supo hacer de forma extraordinaria.

Su autoridad al enseñar, Su sabiduría al contestar, Su santidad al vivir y Su compasión al ministrar lo colocan por encima de todos los demás maestros de la historia.

Para terminar, sería bueno recordar las palabras de C. S. Lewis en su libro *Cristianismo... ¡y nada más!*:

«"Estoy listo para aceptar a Jesús como un gran maestro moral, pero no acepto su afirmación de ser Dios". Eso es lo único que no deberíamos decir. Un hombre que fue simplemente un hombre y dijo el tipo de cosas que Jesús dijo no sería un gran maestro moral. Más bien sería un lunático, al mismo nivel que un hombre que dice que es un huevo pasado por agua, o sería el diablo mismo. Debemos hacer una elección. O este hombre era, y es, el Hijo de Dios o es un enfermo mental o algo peor. Podemos mandarlo callar por tonto, podemos escupirlo y matarlo por ser un demonio o podemos postrarnos a Sus pies y llamarlo Señor y Dios. Pero no vengamos con el absurdo de que Él es un gran maestro humano. Él no dejó esa opción abierta para nosotros. Y tampoco fue Su intención».[11]

---

11. George Sweeting, *Great Quotes & Illustrations* [Grandes citas e ilustraciones] (Waco: Word Books Publisher, 1985), 153.

Preguntas

1. ¿Qué características hacen a Jesús singular como maestro?

2. ¿Cómo lograba Jesús captar la atención de Sus oyentes?

3. ¿Qué figuras del lenguaje fueron utilizadas por Jesús con frecuencia como formas de enseñanza?

4. ¿Cómo se ve reflejada la autoridad de Jesús mediante Sus enseñanzas?

5. ¿Puedes citar alguna ocasión en que Jesús utilizó experiencias de la vida diaria para enseñar, corregir, amonestar o juzgar?

CAPÍTULO 8

JESÚS COMO LÍDER

«Liderazgo es influenciar al pueblo de Dios hacia los propósitos de Dios».

HENRY BLACKABY

El tema del liderazgo se ha tratado de forma amplia en los últimos años. Se ha discutido en talleres, conferencias y seminarios; se han escrito muchos libros con esa temática. La razón es evidente: hay una carencia significativa de líderes que se nota no solo a nivel secular, sino también en el ámbito cristiano. Desafortunadamente, muchos de los líderes que han surgido en las diversas áreas no han llenado las expectativas de aquellos que los han seguido. Por otro lado, muchas de estas conferencias y seminarios, incluso dentro del mundo cristiano, no han prestado suficiente atención al liderazgo de Jesús.

Jesús, un líder auténtico

Quizás el texto de los Evangelios que mejor pone de relieve cuán auténtico fue Jesús, a la hora de liderar, aparece en Marcos 12:13-14: «Y le enviaron algunos de los fariseos y de los herodianos para sorprenderle en alguna palabra. Y cuando ellos llegaron, le dijeron: Maestro, sabemos que eres veraz y que no buscas el favor de nadie, porque eres imparcial, y enseñas el camino de Dios con verdad. ¿Es lícito pagar impuesto al César, o no?». Cuando Sus enemigos lo llamaron veraz y lo reconocieron como alguien imparcial que no buscaba el favor de nadie, entonces sabemos que, sin lugar a dudas, Jesús debió de haber vivido como un hombre de integridad sin igual.

El verdadero líder modela para los que lo siguen, con el propósito predeterminado de llevarlos hasta una meta definida. Un verdadero líder no escatima tiempo, esfuerzo ni sacrificio para obtener lo que se ha propuesto. El liderazgo auténtico se mide por el resultado final de aquellos que, siguiendo al que dirige, se han visto inclinados a imitar su conducta y abrazar su causa. Por lo tanto, Jesús es el mejor modelo de lo que es un verdadero líder.

Cientos de definiciones se han dado acerca de lo que significa liderar; pero, si analizamos las que tienen un significado más apropiado, veremos cómo todas definen el liderazgo que Jesús modeló.

Oswald Sanders dice en su libro *Liderazgo espiritual* que «*liderazgo es influencia, la habilidad de una persona de influenciar a otros*». Si liderazgo es influencia, entonces nadie ha superado a Jesús como líder. Él no solo fue capaz de influenciar a Sus primeros discípulos, sino que por 2000 años ha influenciado a más personas de todos los estratos sociales que cualquier otro líder. Su influencia no ha estado limitada a las esferas de la iglesia, sino que ha trascendido mucho más allá de sus fronteras.

Napoleón Bonaparte dijo de Cristo: «*Ustedes hablan del César, de Alejandro Magno, de sus conquistas y del entusiasmo que ellos inyectaban al corazón de sus soldados... pero ¿pueden ustedes concebir a un hombre haciendo conquistas con una armada fiel y enteramente devota a su memoria? En lo que a mí respecta, mi propio ejército me ha olvidado aún mientras vivo. Alejandro Magno, el César, Carlos Magno y yo hemos fundado imperios, pero ¿sobre qué base? La fuerza. Jesucristo, sin embargo, ha fundado un imperio solo sobre la base del amor, y en estos precisos momentos millones de hombres morirían por Él. Yo he inspirado a multitudes a morir por mí, pero siempre mi presencia fue necesaria, la luz de mis ojos, mi voz, una palabra mía. Solo de esa forma era encendido el fuego en sus corazones. Ahora que estoy solo en la isla de Santa Elena, encadenado a estas rocas,*

¿quién pelea y gana batallas para mí? ¡Que abismo tan grande entre mi profunda miseria y el reino eterno de Cristo, quien es proclamado, amado, adorado y cuyo reino se está extendiendo por toda la tierra!».[12]

Líderes cristianos y seculares han reconocido el liderazgo de Jesucristo. Las multitudes lo seguían antes de Su muerte (Mat. 4:25; 14:14; Juan 6:5), pero aún mayores multitudes lo han seguido después. La razón es muy sencilla: la tumba no pudo retenerlo, por lo que Su liderazgo se ha hecho permanente.

En **Mateo 4:18-22** leemos lo siguiente: «Y andando junto al mar de Galilea, vio a dos hermanos, Simón, llamado Pedro, y Andrés su hermano, echando una red al mar porque eran pescadores. Y les dijo: Seguidme, y yo os haré pescadores de hombres. Entonces ellos, dejando al instante las redes, le siguieron. Y pasando de allí, vio a otros dos hermanos, Jacobo, hijo de Zebedeo, y Juan su hermano, en la barca con su padre Zebedeo remendando sus redes, y los llamó. Y ellos, dejando al instante la barca y a su padre, le siguieron».

Sus palabras transmitían confianza y autoridad a la vez.

Su liderazgo cambió vidas

¿Qué recibieron estos hombres de Jesús que fueron capaces de dejar sus actividades y finalmente sus profesiones para seguirlo? Tal vez podríamos decir de primera instancia que fue el sentido de autoridad en Sus palabras; pero luego podríamos ver que fue el poder de Sus enseñanzas junto con el sentido de propósito que Jesús logró inyectar a Sus seguidores, lo que produjo en ellos una influencia poderosa que los movió en la dirección del maestro. Muchos han sido capaces de motivar a otros a seguir un camino con promesas de beneficios y bendiciones; muy pocos han podido motivar a otros a sacrificarse como Jesús supo hacerlo. Aun después de decir: «Si alguno quiere venir en pos de mí, niéguese a sí mismo [...] y sígame» (Luc. 9:23), muchos han sido los que han abrazado ese llamado y lo han seguido.

---

12. Arthur T. Pierson, *Many Infallible Proofs* [Muchas pruebas infalibles], tomo 2 (Grand Rapids: Zondervan, s. f.), 49.

Harry Truman, quien fuera presidente de los Estados Unidos, dijo en una ocasión: *«Un líder es un hombre capaz de motivar a otros a hacer lo que a ellos no les gusta y llevarlos a que les guste».* Cristo supo hacer eso: guió a Sus discípulos que no querían servir y que querían los primeros lugares en el reino de los cielos (Mar. 10:36-37), hasta convertirlos en verdaderos siervos de una causa que en principio no querían abrazar. Y terminaron no solo abrazándola, sino también muriendo por ella.

Henry Blackaby, en su libro también titulado *Liderazgo espiritual,* establece que *«liderazgo es influenciar al pueblo de Dios hacia los propósitos de Dios».*

En ese sentido, nadie ha superado a Jesús como líder. Fue capaz de hacer que gente inmersa en el judaísmo por cientos de años cambiara su herencia religiosa. Aun después de Su muerte, sacerdotes judíos supieron abandonar su sacerdocio para alcanzar una nueva fe: la fe cristiana. En Hechos 6:7 se lee: *«Y la palabra de Dios crecía, y el número de los discípulos se multiplicaba en gran manera en Jerusalén, y muchos de los sacerdotes obedecían a la fe».* La eficacia de Su liderazgo en mover multitudes desde donde estaban hacia los propósitos de Dios, o hacia donde Dios quería que estuvieran, se debió a que Su motivación apuntó siempre hacia el Padre. *«Porque he descendido del cielo, no para hacer mi voluntad, sino la voluntad del que me envió»* (Juan 6:38). La clave estuvo en que supo convencer a Sus seguidores de que el éxito de Su misión no estaba en la popularidad, sino en obedecer la voluntad de Dios.

Un liderazgo dirigido por Dios

En el capítulo 6 de Juan, Cristo expone y eleva el estándar de Dios. El texto dice en el versículo 66 en respuesta a lo revelado por Cristo: *«Desde entonces muchos de sus discípulos volvieron atrás, y ya no andaban con él»* (RVR1960). Pero a los que los siguieron supo convencerlos de que lo que complace a Dios tiene que ver más con alcanzar Sus propósitos eternos, que con atraer grandes multitudes, y que el liderazgo que Dios espera está relacionado con Sus designios por encima de nuestros sueños y aspiraciones. Un verdadero líder de Dios **toma el riesgo de perder seguidores** (Juan 6:66-67), pero nunca el de perder la unción de Dios. Para liderar de esa forma se requiere rendición absoluta de la voluntad (Luc. 22:42).

Un buen líder espiritual **no se dirige por su agenda personal, sino que se deja dirigir por el Espíritu de Dios.** Esto fue algo muy notable en la vida de Jesús. **Lucas 4:1:** *«Jesús, lleno del Espíritu Santo, volvió del Jordán y fue llevado por el Espíritu en el desierto».*[13] Pero para eso el líder espiritual necesita pasar tiempo con su Dios. Jesús supo pasar toda una noche orando antes de tomar una decisión. **Lucas 6:12-13** dice: *«En esos días Él se fue al monte a orar, y pasó toda la noche en oración a Dios. Cuando se hizo de día, llamó a sus discípulos y escogió doce de ellos, a los que también dio el nombre de apóstoles».* Si Jesús, la segunda persona de la Trinidad, supo vivir en oración dependiendo del Padre, entonces Dios no debe esperar menos de nosotros, pues tenemos más razones que Jesús para estar en necesidad de orar. La oración en la vida del líder de Dios es crucial porque, de lo contrario, con frecuencia la agenda personal del líder prevalecerá por encima de los propósitos de Dios.

Otra característica de un líder de Dios es **su habilidad para trabajar arduamente**, su capacidad de laborar cuando otros prefieren descansar, algo que Jesús también modeló en varias ocasiones. **Marcos 6:31,33-37:**

> *Él les dijo: Venid vosotros aparte a un lugar desierto, y descansad un poco. Porque eran muchos los que iban y venían, de manera que ni aun tenían tiempo para comer. [...] Pero muchos los vieron ir, y le reconocieron; y muchos fueron allá a pie desde las ciudades, y llegaron ante ellos [...] porque eran como ovejas que no tenían pastor; y comenzó a enseñarles muchas cosas. Cuando ya era muy avanzada la hora, sus discípulos se acercaron a él, diciendo: El lugar es desierto, y*

---

13. El original en Marcos 1:12 es más enfático, lo que nos deja ver que el Espíritu impulsó a Cristo al desierto.

la hora ya muy avanzada. Despídelos para que vayan a los campos y aldeas de alrededor, y compren pan, pues no tienen qué comer. Respondiendo él, les dijo: Dadles vosotros de comer. Ellos le dijeron: ¿Qué vayamos y compremos pan por doscientos denarios, y les demos de comer? (RVR1960).

Es notorio cómo los discípulos querían despedir a la multitud, no solo porque no había pan suficiente, sino porque estaban muy cansados al final del día. Pero Jesús movido por la compasión, los hizo acomodar para luego darles de comer. El líder de Dios ve lo que otros no ven y siente lo que otros no sienten, y eso lo lleva a trabajar cuando otros descansan.

«*Si el líder no está dispuesto a levantarse más temprano, a quedarse más tarde que otros y trabajar más duro que otros, entonces no va a convencer a su generación*» (Oswald Sanders). Cristo no solo convenció a los de Su generación, sino que ha convencido a muchas otras generaciones que han venido después de Él.

Jesús, un líder singular

Algunos han dicho que un buen líder tiene que ser un buen comunicador. Para eso necesita **conocer la condición de su audiencia** y saber qué decir para lograr llevarlos hasta donde él quiera que estén. En el Sermón del Monte (Mat. 5-7), Cristo dio la mejor demostración de esto. Él presentó un estándar tan alto que para muchos luciría inalcanzable. Sin embargo, la respuesta de aquellos que lo oyeron fue muy positiva: «*Cuando Jesús terminó estas palabras, las multitudes se admiraban de su enseñanza; porque les enseñaba como uno que tiene autoridad, y no como sus escribas*» (**Mat. 7:28-29**). Al comunicar, el líder de Dios también **necesita brindar ciertas garantías que transmitan confianza a sus seguidores** para que puedan permanecer firmes a la hora de la prueba. Cuando Cristo dice: «*sobre esta roca edificaré mi iglesia; y las puertas del Hades no prevalecerán contra ella*», estaba brindando la mayor de todas las garantías y comunicando la mejor de todas las esperanzas: la del triunfo contra las huestes espirituales de maldad.

El líder sostenido por Dios sabe enfrentar la soledad y el rechazo aun en medio de la crisis. Cristo fue acusado de bebedor, de glotón y de ser amigo de pecadores (Mat. 11:19); pero eso no le hizo variar Su forma de vivir, ni Sus enseñanzas, ni Su estándar. Fue rechazado, pero no se amedrentó porque contaba con la aprobación del Padre (Mat. 3:17). Eso fue capital en Su vida, porque solo un hombre seguro de lo que es en Cristo está preparado para ser un buen líder espiritual.

El líder aprobado por Dios sabe cómo permanecer firme aun bajo presión. Ante los tres interrogatorios que le practicaron los judíos cuando fue apresado (Anás, Caifás y el Sanedrín) y los tres que le practicaron los gentiles (Pilato, Herodes y de nuevo Pilato), permaneció firme, aun cuando «*todos los discípulos le abandonaron y huyeron*» (Mat. 26:56). ¿Qué lo sostuvo en medio de esa prueba? El Espíritu de Dios lo fortaleció para no negociar Sus convicciones, y ellas lo sostuvieron. Un líder espiritual no puede ser solo un hombre de opinión. La opinión es algo que tú sostienes; la convicción te sostiene a ti.

El líder ungido por Dios se levanta por encima de sus temores. Los temores no lo paralizan, no lo desvían, no lo distraen. Por eso Cristo pudo decir: «*Padre mío, si es posible, que pase de mí esta copa; pero no sea como yo quiero, sino como tú quieras*» (Mat. 26:39). Su temor lo llevó a orar y luego a renunciar a sí mismo, pero nunca a detener Su marcha. Su meta era la cruz y allí terminó.

El líder rendido a Dios es un ejemplo de perseverancia y obediencia. Cristo perseveró hasta el fin, «*... se humilló a sí mismo, haciéndose obediente hasta la muerte, y muerte de cruz*» (Fil. 2:8). Ningún otro líder ha tenido el valor, la obediencia y la perseverancia que Él tuvo. Para Cristo, lo más importante no fue Su seguridad ni Su conveniencia, sino la obediencia a la voluntad del Padre. Su obediencia le ganó un nombre que es sobretodo nombre, ante el cual se dobla toda rodilla (Fil. 2:9-11). Ese nombre es **Jesús**.

Una vez más citamos a Oswald Sanders, en su libro *Liderazgo espiritual*, quien expone 22 preguntas como medida para determinar si alguien tiene potencial para liderar. A continuación, por la importancia que tienen al compararlas con la persona de Jesús, aparecen cinco de ellas:

1. **«¿Has roto un mal hábito?** *Para liderar, tienes que dominar tus apetitos».* Cristo ni siquiera tuvo que hacer eso porque nunca cultivó ninguno. Siempre dominó los apetitos de la carne. Lo demostró en las tentaciones en el desierto (Mat. 4:1-11) y lo siguió demostrando a todo lo largo de Su vida.

2. **«¿Mantienes el control cuando las cosas no van bien?** *El líder que pierde el control bajo la adversidad pierde el respeto y su influencia...».* No ha habido en la historia ningún otro líder que haya experimentado la experiencia de la cruz. La serenidad con que Cristo la soportó es la mayor expresión de lo que puede llamarse fortaleza bajo control. Sufrió la cruz en silencio y cuando habló allí lo hizo para glorificar a Dios y perdonar a Sus enemigos.

3. **«¿Confía la gente en ti en situaciones delicadas y difíciles?».** El Padre confió en Su Hijo; los discípulos le confiaron sus vidas. Los niños, los leprosos, los recaudadores de impuestos confiaron en Él. Y después de Su resurrección millones continúan confiando en Él, y lo hacen porque Él nunca ha defraudado a nadie. Jamás prometió algo que no cumpliera o que no fuera a cumplir, y nunca actuó de manera egoísta, sino que más bien dio Su vida por el otro. No ha existido nadie con un liderazgo igual.

4. **«¿Tienes interés en las personas? ¿De todos los tipos? ¿De todas las razas?».** Como líder, el interés de Jesús fue mucho más allá de los límites geográficos y de las diferencias raciales. Y ese será el testimonio acerca de Él al final de los tiempos como leemos en **Apocalipsis 5:9**: *«Y cantaban un cántico nuevo, diciendo: Digno eres de tomar el libro y de abrir sus sellos, porque tú fuiste inmolado, y con tu sangre compraste para Dios a gente de toda tribu, lengua, pueblo y nación».* Él abrió el trono de Dios para cada uno de nosotros, independientemente de nuestra procedencia.

5. **«¿Puedes perdonar? ¿O guardas resentimientos hacia aquellas**

personas que te han herido?». En la cruz, en Su peor momento, Cristo supo decir: «Padre, perdónalos, porque no saben lo que hacen» (Luc. 23:34). La capacidad de reaccionar de esta forma ante las ofensas es otra de las características de un gran líder.

Conclusión

- El liderazgo de Jesús fue excepcional, sin paralelo. Se destacó principalmente por Su forma de motivar e influenciar a otros, moviéndolos todo el tiempo hacia los propósitos de Dios.
- La grandeza de Su liderazgo radicó principalmente en la facilidad con la que se «vació de sí mismo» para servirle al Padre y para servirles a aquellos a quienes el Padre estaba llamando.
- Su liderazgo puede medirse por el efecto que ha tenido a lo largo de 2000 años de historia en cristianos y no cristianos, entre seguidores y líderes.
- La medida de Su liderazgo es aún inmensurable e indefinida porque Su misión no ha terminado todavía.

Preguntas

1. ¿A qué se debió la eficacia del liderazgo de Jesús?

2. Menciona cinco características de un líder conforme al Espíritu de Dios.

3. Revisa las tres definiciones de liderazgo provistas en este capítulo y compara el liderazgo de Jesús con el de otros líderes seculares.

4. ¿Cuál de las características de Jesús consideras que le dio la autoridad que otros líderes no tienen?

5. ¿De qué depende el éxito del líder de Dios?

PARTE II

CAPÍTULO 9

Jesús en el Pentateuco

«La Biblia tiene que ser interpretada de manera cristocéntrica. [...] No hay otra forma cómo el cristiano pueda interpretarla. El tema general de la Biblia es la persona de Cristo. Una vez que vemos esto, todas las partes de los testamentos y libros encajarán más fácilmente en su lugar».

NORMAN GEISLER

Cuando estudiamos la Biblia de forma detallada, descubrimos que el Nuevo Testamento estaba «escondido» en el Antiguo Testamento y que a su vez el Antiguo Testamento está revelado en el Nuevo. Si eso es cierto, y sabemos que lo es, entonces deberíamos ser capaces de «identificar a Cristo» en el Antiguo Testamento.

En esta sección queremos considerar los primeros cinco libros de la Biblia escritos por Moisés, conocidos como el Pentateuco, donde podemos ver de una forma muy clara cómo ya en esa época Dios estaba inspirando la historia bíblica considerando la venida de su Hijo unos 1500 años después. De esta forma es posible encontrar aquellas cosas que apuntaban hacia Él.

En teología hablamos de tipos y antitipos. Un tipo es una persona, un hecho o un símbolo que aparece en el Antiguo Testamento y que tiene su correspondencia en el Nuevo.

Romanos 5:14 establece que Adán fue figura (*tipos* en griego) del que había de venir. En este caso, Cristo sería su antitipo.

El tipo tiene que corresponder a una realidad histórica y no a una ficción, y debe poseer algún valor predictivo, porque solo era «sombra de lo que ha de venir», como leemos en Colosenses 2:17 y en Hebreos 10:1. La mayor parte de los tipos que el Nuevo Testamento avala se refieren a la persona de Cristo o a Su obra.

Es interesante ver cómo el personaje de Jesús fue tipificado en el Pentateuco de múltiples maneras reflejando la inspiración sobrenatural de la Biblia y la sabiduría de Dios al revelársele al hombre.

Génesis

Tipo: Adán (Gén. 1–2).
Antitipo: Cristo (Rom. 5:14; 1 Cor. 15:45).

Adán fue creado por Dios sin pecado al soplar Dios Su aliento de vida en él y Cristo, llamado el último Adán en 1 Corintios 15:45, fue engendrado (no creado) por obra del Espíritu Santo en María, la virgen. En este caso, el Libro de Romanos llama a Adán literalmente figura o tipo del que había de venir. Veamos el veredicto de la Escritura:

Romanos 5:14: «Sin embargo, la muerte reinó desde Adán hasta Moisés, aun sobre los que no habían pecado con una transgresión semejante a la de Adán, el cual es figura del que había de venir».

1 Corintios 15:45: «Así también está escrito: El primer HOMBRE, Adán, FUE HECHO ALMA VIVIENTE. El último Adán, espíritu que da vida».

Tipo: Melquisedec (Gén. 14:18-20).
Antitipo: Cristo (Heb. 7).

Melquisedec es llamado ***rey y sacerdote*** del Dios Altísimo en Génesis 14, de la misma forma que Jesús es considerado Rey de reyes (Apoc. 19:16) y es llamado sacerdote, o nuestro sumo sacerdote en distintos pasajes del Nuevo Testamento (Heb. 5:1-5; 7:11-28). Pero aun más, Melquisedec es llamado rey de Salem, que «generalmente se la identifica como el antiguo sitio de Jerusalén, la ciudad de Salem, la Uru-Salem o Uru-Salimmu de las inscripciones cuneiformes y egipcias».[14] Cristo no solo es identificado como rey, sino que, cuando regrese, regresará a reinar en Jerusalén. La similitud se ve aun en el lugar del reinado de ambos personajes.

Hebreos 7:2 identifica a Melquisedec como rey de justicia y como rey de paz. Ambos títulos podrían identificar perfectamente a Cristo, quien de hecho es llamado Príncipe de paz en Isaías 9:6. El sacerdocio de Cristo es comparado con el de Melquisedec como podemos ver en Hebreos 7, de lo cual hablamos en el capítulo 6 de este libro.

Descripción del tipo y antitipo	Melquisedec	Cristo
Rey	De Salem Génesis 14:18 Hebreos 7:1	De Jerusalén Apocalipsis 19:16
Sacerdote	Del Dios Altísimo Génesis 14:18 Hebreos 7:1	Sumo Sacerdote constituido por Dios Hebreos 5:5
El sacerdocio de ambos no tuvo ni principio ni fin	Hebreos 7:3	Hebreos 7:11-28 Salmos 110:4
Sin genealogía que identifique principio ni fin de vida	Hebreos 7:3	Eterno Apocalipsis 1:18
Ambos reconocidos por su reinado de justicia y de paz	Hebreos 7:2	Isaías 9:6

Tipo: José (Gén. 37–41).

Antitipo: Cristo (los Evangelios).

José fue uno de los doce hijos de Jacob, quien fuera vendido como esclavo por sus hermanos cuando estos experimentaron envidia (Gén. 37). Dios permite la venta de José para luego usarlo en la

---

14. *Nuevo diccionario bíblico* (Downers Grove: Ediciones Certeza, 1991), 1216.

preservación de los descendientes de los doce hijos de Jacob, quienes fueron los progenitores de las doce tribus de Israel. Dios usó a José para preservar un remanente.

Génesis 50:19-20: «Pero José les dijo: No temáis, ¿acaso estoy yo en lugar de Dios? Vosotros pensasteis hacerme mal, pero Dios lo tornó en bien para que sucediera como vemos hoy, y se preservara la vida de mucha gente».

Asimismo Cristo vino a preservar el remanente de Dios, como vemos en el siguiente pasaje:

Juan 6:38-39: «Porque he descendido del cielo, no para hacer mi voluntad, sino la voluntad del que me envió. Y esta es la voluntad del que me envió: que de todo lo que Él me ha dado yo no pierda nada, sino que lo resucite en el día final».

Descripción del tipo y antitipo	José	Cristo
Amados de forma especial por Dios	Génesis 37:3	Juan 17:24
Ambos odiados por sus hermanos	Génesis 37:8	Isaías 53:3
Ambos rechazados como rey por sus hermanos	Génesis 37:8	Juan 19:19-21
Ambos vendidos por dinero	Génesis 37:28	Mateo 26:15
Ambos condenados, pero inocentes	Génesis 39	Mateo 27:23-24
Ambos levantados por Dios de la humillación a la gloria	Génesis 41	Filipenses 2:9-11

Éxodo

Tipo: Moisés

Antitipo: Jesús

El Libro de Éxodo nos relata la salida del pueblo judío de Egipto. Dios llamó a Moisés a liberar el pueblo de la esclavitud y llevar a cabo Su causa redentora, según fue revelado por Dios, algo que podemos ver en los versículos que siguen:

Éxodo 3:6-8a: «Y añadió: Yo soy el Dios de tu padre, el Dios de Abraham, el Dios de Isaac y el Dios de Jacob. Entonces Moisés cubrió su rostro, porque tenía temor de mirar a Dios. Y el SEÑOR dijo: Ciertamente he visto la aflicción de mi pueblo que está en Egipto, y he escuchado su clamor a causa de sus capataces, pues estoy consciente de sus sufrimientos. Y he descendido para librarlos de mano de los egipcios, y para sacarlos de aquella tierra a una tierra buena y espaciosa, a una tierra que mana leche y miel...».

Pero de la misma manera que Dios llamó a Moisés a liberar al pueblo judío de la esclavitud de Egipto, Dios Padre llamó al Hijo a liberarnos de otra esclavitud: la esclavitud del pecado. Aun en la antigua revelación había sido anunciado este propósito.

Isaías 61:1: «El Espíritu del Señor DIOS está sobre mí, porque me ha ungido el SEÑOR para traer buenas nuevas a los afligidos; me ha enviado para vendar a los quebrantados de corazón, para proclamar libertad a los cautivos y liberación a los prisioneros».

Igualmente Moisés vino a ser dador de la ley en el monte Sinaí según vimos en el Libro de Éxodo 19-20. También Cristo, como el juez que ha de juzgarnos, nos dio la ley de Dios para que podamos agradar a Dios. Los cuatro Evangelios dan testimonio de esto y lo vemos reemplazando a Moisés como mediador. Éxodo 33:11 nos dice que Dios hablaba con Moisés cara a cara y entonces Moisés le hablaba al pueblo de parte de Dios. Esa era la función del profeta. Pero ahora en el Nuevo Testamento Cristo ha pasado a ser el único mediador entre Dios y el hombre, como expresa 1 Timoteo 2:5.

La similitud entre Moisés y Cristo en el cumplimiento de sus roles es extraordinaria. Filipenses 2:6-7 dice que Cristo «aunque existía en forma de Dios, no consideró el ser igual a Dios como algo a qué aferrarse, sino que se despojó a sí mismo tomando forma de siervo, haciéndose semejante a los hombres». Cristo renunció a Su gloria, a Sus privilegios para servir a la causa redentora de Dios. De Moisés, Hebreos 11:25-26 nos dice que «escogiendo antes ser maltratado con el pueblo de Dios, que gozar de los placeres temporales del pecado, considerando como mayores riquezas el oprobio de Cristo que los tesoros de Egipto; porque tenía la mirada puesta en la recompensa». Cristo abandonó la gloria celestial y Moisés la gloria terrenal de Egipto.

Moisés renunció también a derechos y privilegios que tendría como hijo de la hija de Faraón, como Cristo renunció a los Suyos como Hijo de Dios. La vida de Moisés se vio amenazada cuando el faraón dio órdenes de matar a todos los recién nacidos de las mujeres judías, pero de manera milagrosa Dios salvó a Moisés de esta matanza. Esta historia aparece en el Libro de Éxodo 1:15–2:10. De igual manera, la vida de Jesús se vio bajo amenaza cuando el rey Herodes se enteró de que había nacido el Rey de los judíos (Jesús) y llenándose de ira y de celos ordenó la matanza de todos los niños judíos menores de dos años como relata Mateo en el capítulo 2. Jesús también fue salvado de manera milagrosa por Dios.

Dios llamó a Moisés a reunirse con Él en el monte Sinaí; y nos cuenta el relato bíblico que Moisés descendió con su rostro radiante, tan radiante que el pueblo le pidió que se cubriera el rostro porque no podían verlo después de Moisés haber estado en la presencia de Dios (Ex. 34:29-35). En el Nuevo Testamento encontramos un pasaje donde Cristo sube al monte a orar y allí Lucas nos dice que: «Mientras oraba, la apariencia de su rostro se hizo otra, y su ropa se hizo blanca y resplandeciente» (Luc. 9:29), una experiencia muy similar a la que tuvo Moisés.

En otra ocasión Moisés subió al monte Sinaí y estuvo allí con Jehová por 40 días y 40 noches. Éxodo 34:28 dice que Moisés «no comió pan, ni bebió agua» durante ese tiempo. Este ayuno sobrenatural de 40 días lo vemos también en la vida de Jesús según nos relata Mateo 4:2.

La celebración de la pascua judía (Ex. 12:21-24) vinculada a la redención y partida del pueblo hebreo de la nación de Egipto apuntaba a la persona de Jesús. La noche en que se celebraba la Pascua judía, Jesús se apartó con Sus discípulos para celebrar la Última Cena (Mat. 26:17-30; Luc. 22:7-23) y le dio una nueva dimensión a lo que había sido la Pascua judía hasta ese momento. Él, Jesús, se convirtió en nuestra Pascua tal como revela Pablo en 1 Corintios 5:7.

Descripción del tipo y antitipo	Moisés	Cristo
Causa redentora: libertad de la esclavitud	Éxodo 3:6-8a	Isaías 61:1
Dador de ley	Éxodo 19-20	Los cuatro Evangelios
Renuncia a Su gloria	Filipenses 2:6-7	Hebreos 11:25-26
Amenazados de muerte en la infancia	Éxodo 1:15–2:10	Mateo 2
Transfigurados	Éxodo 34:29-35	Lucas 9:29
40 días de ayuno	Éxodo 34:28	Mateo 4:2
Celebración de la Pascua	Éxodo 12:21-28	1 Corintios 5:7; Mateo 26:17-30; Lucas 22:7-23

Levítico

Tipo: las fiestas judías/el sumo sacerdote
Antitipo: Jesús

El Libro de Levítico es el libro de la santidad, el libro en el que Dios expresa Su deseo de que el pueblo sea santo porque Él es santo. Este libro describe las funciones del sacerdote, las diferentes formas de purificación del pueblo y las distintas fiestas judías que apuntaban todas a la venida de Jesús.

El sacerdote y el sumo sacerdote del Libro de Levítico (caps. 8–9) son dejados atrás en el Nuevo Testamento y Cristo es constituido nuestro Sumo Sacerdote (Heb. 7:11-28).

Además, cada una de las fiestas judías tenía una implicación cristológica. La Pascua y la Fiesta de los panes sin levadura fueron establecidas en Egipto antes de salir, según leemos en Éxodo 12. Pero una vez fuera de Egipto, es en Levítico 23 donde encontramos la descripción de estas fiestas y la institución de las demás fiestas judías, que apuntan todas hacia la persona de Jesús. La Pascua recordaba su salida de Egipto y la fiesta de los primeros frutos se celebraba para dar gracias a Dios por la cosecha del grano cosechado durante el invierno.

La Pascua apuntaba hacia la muerte sustitutiva de Jesús por nosotros y nuestra salvación por medio de Su sangre. Y la *fiesta de los panes sin levadura* nos habla del sacrificio ofrecido por Cristo en la cruz al morir sin nunca haber pecado. La levadura en la Palabra es usada como símbolo de pecado (Mat. 16:6,11; Mar. 8:15). Por lo tanto, el pan sin levadura era simbólico de la santidad con que viviría y moriría nuestro Señor.

La fiesta de los primeros frutos era celebrada el 16 de Nisán, el primer mes del calendario judío, que corresponde a marzo-abril del nuestro. Se celebraba dos días después de la fiesta de la Pascua, al otro día del día de reposo (Lev. 23:11). Jesús es crucificado un 14 de Nisán y resucita el domingo 16 de Nisán, justamente durante la celebración de la fiesta de los primeros frutos.[15] Su resurrección (los primeros frutos de 1 Cor. 15:20) garantiza la nuestra (postreros frutos).

1 Corintios 15:20 y 23: «Mas ahora Cristo ha resucitado de entre los muertos, primicias de los que durmieron. [...] Pero cada uno en su debido orden: Cristo, las primicias; luego los que son de Cristo en su venida».

La fiesta de las semanas (Lev. 23:15-16), conocida en hebreo como *Shavuot* y en griego como *Pentecostés* (Hech. 2), significa '50', porque era celebrada 50 días después de la fiesta de los primeros frutos. El primer Pentecostés ocurrió cincuenta días después de la resurrección, ya que Cristo resució el día de la fiesta de los primeros frutos (el 16 de Nisán). Pentecostés (celebrada en junio) marcaba el comienzo de la cosecha de trigo del verano, de la misma manera que la fiesta de los primeros frutos, celebrada en la primavera, marcaba el comienzo de la cosecha de cebada sembrada durante el invierno.

El sermón de Pedro predicado ese día (Hech. 2), 50 días después de la resurrección, trajo los primeros 3000 convertidos después de Su muerte y resurrección, lo que confirma así que Cristo representa verdaderamente las primicias o nuestros primeros frutos.

El día de la expiación, conocido hoy como *Yom Kippur,* era el día

---

15. Kevin Howard y Marvin Rosenthal, *The Feasts of the Lord* [Las fiestas del Señor] (Nashville: Thomas Nelson Publishers, 1997), 75-87.

más extraordinario del calendario judío. Era el día cuando el sumo sacerdote entraba al lugar santísimo y ofrecía sacrificios por el pecado del pueblo (Lev. 23:27). Ya en el capítulo 6 explicamos algunas de las cosas que ocurrían ese día. En el Nuevo Testamento, Cristo es ese sumo sacerdote que vino y ofreció sacrificio una sola vez y para siempre para el perdón de los pecados del mundo. Los siguientes textos atestiguan estas verdades:

Hebreos 5:10: «[S]iendo constituido (Jesús) por Dios sumo sacerdote según el orden de Melquisedec».

Hebreos 6:19-20: «[L]a cual tenemos como ancla del alma, una esperanza segura y firme, y que penetra hasta detrás del velo, donde Jesús entró por nosotros como precursor, hecho, según el orden de Melquisedec, sumo sacerdote para siempre».

Hebreos 7:26-27: «Porque convenía que tuviéramos tal sumo sacerdote: santo, inocente, inmaculado, apartado de los pecadores y exaltado más allá de los cielos, que no necesita, como aquellos sumos sacerdotes, ofrecer sacrificios diariamente, primero por sus propios pecados y después por los pecados del pueblo; porque esto lo hizo una vez para siempre, cuando se ofreció a sí mismo».

Si había una fiesta que apuntaba directamente a lo que Cristo vendría a hacer por nosotros, esta era la del día de la expiación.

Descripción del tipo y antitipo	Tipo en Levítico	Antitipo en el Nuevo Testamento
La Pascua judía	Levítico 23:5	1 Corintios 5:7; Mateo 26:26-29
La fiesta de los panes sin levadura	Levítico 23:6	2 Corintios 5:21
La fiesta de los primeros frutos	Levítico 23:11	1 Corintios 15:20
La fiesta de las semanas (Pentecostés)	Levítico 23:15-16	Hechos 2
La fiesta del día de la expiación	Levítico 23:27	Hebreos 7:26-27

Números

Tipo: la roca en el desierto/la serpiente de bronce
Antitipo: Jesús y Su crucifixión
En este cuarto libro del Pentateuco, Cristo es tipificado de varias maneras. Es en este Libro de Números en el capítulo 20, donde encontramos que Dios le dio agua de beber al pueblo a partir de la roca que golpeó Moisés; sin embargo, el apóstol Pablo nos deja ver cómo esa roca representó a Cristo mismo.

1 Corintios 10:4: «[Y] todos bebieron la misma bebida espiritual, porque bebían de una roca espiritual que los seguía; y la roca era Cristo».

Por otro lado, en Números 21:4-9 leemos acerca de aquella ocasión cuando el pueblo fue salvado de las mordeduras de las serpientes venenosas mediante la serpiente de bronce levantada en medio del campo.

Números 21:6-9: «Y el SEÑOR envió serpientes abrasadoras entre el pueblo, y mordieron al pueblo, y mucha gente de Israel murió. Entonces el pueblo vino a Moisés y dijo: Hemos pecado, porque hemos hablado contra el SEÑOR y contra ti; intercede con el SEÑOR para que quite las serpientes de entre nosotros. Y Moisés intercedió por el pueblo. Y el SEÑOR dijo a Moisés: Hazte una serpiente abrasadora y ponla sobre un asta; y acontecerá que cuando todo el que sea mordido la mire, vivirá. Y Moisés hizo una serpiente de bronce y la puso sobre el asta; y sucedía que cuando una serpiente mordía a alguno, y éste miraba a la serpiente de bronce, vivía».

Compara este texto con el siguiente:

Juan 3:14-15: «Y como Moisés levantó la serpiente en el desierto, así es necesario que sea levantado el Hijo del Hombre, para que todo aquel que cree, tenga en El vida eterna».

Hoy somos salvos mirando y aceptando a aquel que fue levantado en la cruz; Él vino y nos salvó de la mordida del pecado. A esto apuntaba la serpiente de bronce de que nos habla este libro.

Descripción del tipo y antitipo	Tipo en Números	Antitipo en el Nuevo Testamento
La serpiente levantada en el desierto apuntaba a Cristo levantado en la cruz	Números 21:4-9	Juan 3:14-15
La roca de donde bebieron	Números 20:1-13	1 Corintios 10:4

Deuteronomio

Tipo: Moisés

Antitipo: Jesús

En este último libro del Pentateuco la referencia más clara a la persona de Jesús la vemos en el siguiente texto:

Deuteronomio 18:15: «Un profeta de en medio de ti, de tus hermanos, como yo, te levantará el SEÑOR tu Dios; a él oiréis».

A este pasaje hacía Esteban referencia mientras hablaba a la multitud judía el día de su ajusticiamiento, como vemos en Hechos 7:37: «Este es el mismo Moisés que dijo a los hijos de Israel: "DIOS OS LEVANTARÁ UN PROFETA COMO YO DE ENTRE VUESTROS HERMANOS"».

Como vemos, se hace prácticamente imposible escudriñar la Escritura sin encontrar referencias con implicaciones cristológicas. Ciertamente Cristo es la piedra angular sobre la que está construido todo el edificio tanto del Antiguo como del Nuevo Testamento.

Descripción del tipo y antitipo	Tipo en Deuteronomio	Antitipo en el Nuevo Testamento
Cristo sería levantado como profeta en medio del pueblo judío	Deuteronomio 18:15	Hechos 7:37

Conclusión

La unidad de la Biblia es uno de los argumentos a favor de su credibilidad. La Biblia está compuesta de 66 libros escritos por unos 40 autores diferentes a través de aproximadamente 1500 años. Pero no contiene 66 temas, sino uno solo: el pecado del hombre y la redención de Dios mediante la persona de Jesucristo.

Cristo o un tema cristológico puede ser encontrado en cada uno de los libros de la Biblia, y es por eso que sin temor a equivocarnos podemos decir que toda la Biblia es acerca de la persona de Jesús. Él mismo dio testimonio de esto en cinco ocasiones diferentes:

Mateo 5:17: «No penséis que he venido para abolir la ley o los profetas; no he venido para abolir, sino para cumplir».

Lucas 24:27: «Y comenzando por Moisés y continuando con todos los profetas, les explicó lo referente a Él en todas la Escritura».

Lucas 24:44: «Y les dijo: Esto es lo que yo os decía cuando todavía estaba con vosotros: que era necesario que se cumpliera todo lo que sobre mí está escrito en la ley de Moisés, en los profetas y en los salmos».

Juan 5:39: «Examináis la Escritura porque vosotros pensáis que en ellas tenéis vida eterna; y ellas son las que dan testimonio de mí».

Hebreos 10:7: «ENTONCES DIJE: "HE AQUÍ, YO HE VENIDO (EN EL ROLLO DEL LIBRO ESTÁ ESCRITO DE MÍ) PARA HACER, OH DIOS, TU VOLUNTAD"».

El Pentateuco que acabamos de revisar es una de las secciones de la Biblia donde Cristo puede ser visto con más claridad.

Preguntas

1. ¿Qué es un tipo y un antitipo?

2. ¿Cuál es la importancia de encontrar los tipos del Antiguo Testamento?

3. ¿La comunión o santa cena instituida por Cristo vino a reemplazar o a tomar el lugar de cuál de las celebraciones judías?

4. ¿Cuál de las fiestas judías es la que mejor tipifica el trabajo de Cristo en la cruz?

5. ¿Cuál es el tipo y antitipo encontrado en el Libro de Deuteronomio?

CAPÍTULO 10

LAS PREDICCIONES
SOBRE JESÚS

*«Cualquiera que rechace a Cristo como Hijo de Dios
está rechazando un hecho probado tal vez de forma más
absoluta que cualquier otro hecho en el mundo».*

PETER STONER

Una de las pruebas más contundentes de la autenticidad de
Jesús es precisamente el cumplimiento de las profecías
que tienen que ver con Su persona. La mayor parte de los hechos
profetizados en el Antiguo Testamento sobre Su persona fueron
confirmados en Su primera venida y aparecen en el Nuevo
Testamento. El resto hace referencia a Su segunda venida y
tendrán su cumplimiento en un tiempo posterior.

Muchos hombres de ciencia, arqueólogos, historiadores
seculares y escritores en sentido general han tratado de
desvirtuar esas profecías. Algunos han llegado a decir que
Jesús, conociendo las predicciones, pudo haber realizado
acontecimientos que lo hicieran parecer como el Mesías
profetizado. Por ejemplo, conociendo Él que se había profetizado
sobre Su entrada en burro a Jerusalén, se las arregló un día para
hacer dicha entrada. Asumiendo que esto fuera cierto, si no era
Dios, no pudo en ninguna circunstancia tener el control sobre
otras múltiples profecías no controlables. ¿Cómo podría Él

controlar que naciera en Belén como había sido profetizado, o que lo vendieran por 30 monedas de plata, o que lo clavaran en una cruz? ¿Cómo podría alguien «orquestar» Su nacimiento en el seno de una familia específica o en un lugar específico? ¿Cómo podría alguien organizar Su propia muerte de tal forma que coincidiera exactamente con todo lo predicho y con todos los datos exactos que rodearon la crucifixión? ¿Qué sentido tendría dejarse crucificar desnudo entre dos ladrones y hacer que Sus verdugos echaran a suerte Sus ropas solo por confirmar una profecía?

J. Barton Payne[16] menciona 191 profecías cumplidas acerca de la persona de Jesús. Por otro lado, Lee Strobel relata una entrevista realizada a Louis Lapides en la que este último asegura que la probabilidad de que ocho de esas profecías se cumplieran era de una entre cien millones de billones (1 entre 10^{17}).[17]

Norman Geisler en una de sus obras, cita a Stoner,[18] quien ha hecho los cálculos matemáticos y ha determinado que la probabilidad de que 48 de las profecías de Jesús se cumplieran es de una entre un trillón de trillones, de trillones de trillones de trillones de trillones de trillones de trillones de trillones de trillones de trillones de trillones de trillones (1 entre 10^{157}) o un 1 seguido de 157 ceros, algo lógicamente imposible.

Para cualquier persona con razonamiento e inteligencia, estas estadísticas, o el estudio de las evidencias, debiera ser suficiente para aceptar la divinidad de Jesús, pero la realidad es que para el que no quiere creer, ninguna evidencia es suficiente. Un corazón cerrado ante las verdades espirituales no puede comprender lo revelado por Dios. Por esta razón, decía Pablo en 1 Corintios 2:14 que «el hombre natural no acepta las cosas del Espíritu de Dios, porque para él son necedad; y no las puede entender, porque se disciernen espiritualmente». Dios en Su

16. J. Barton Payne; *Enciclopedia de profecías bíblicas*, 2 tomos (Barcelona: Editorial Clie, 1993).
17. Lee Strobel, *The Case for Christmas* [El caso para Navidad] (Grand Rapids: Zondervan, 1998), 69-71.
18. Norman Geisler, *Baker Encyclopedia of Christian Apologetics* [Enciclopedia Baker de apologética cristiana] (Grand Rapids: Baker Book House, 1999).

soberanía hizo predicciones por medio de los profetas para que, cuando estas se cumplieran, su cumplimiento fuera parte de la evidencia de que el Dios de la Biblia es real y es fiel. En Lucas 24:44-45 se puede leer esta cita: «Y les dijo: Esto es lo que yo os decía cuando todavía está con vosotros: que era necesario que se cumpliera todo lo que sobre mí está escrito en la ley de Moisés, en los profetas y en los salmos. Entonces les abrió la mente para que comprendieran la Escritura». Esta cita enseña que hay un trabajo que solo el Espíritu de Dios puede hacer. El versículo 45 dice: «Entonces les abrió la mente»; sin esa iluminación que da el Espíritu de Dios, no se puede entender Su revelación.

El número de profecías cumplidas en la persona de Jesús es tan grande que resulta difícil citarlas todas. Por tal motivo, hemos elegido solo algunas a manera de ilustración.

Algunas de las profecías mesiánicas y su cumplimiento

Profecía dada	Profecía cumplida	Explicación o interpretación
Génesis 3:15a: «Y pondré enemistad entre ti y la mujer, y entre tu simiente y su simiente».	**Gálatas 4:4:** «Pero cuando vino la plenitud del tiempo, Dios envió a su Hijo, nacido de mujer, nacido bajo la ley».	**Génesis 3:15a:** tan pronto como Adán y Eva pecaron, Dios anunció la venida de un Salvador. La simiente de la mujer se refiere a Jesús. **Gálatas 4:4:** confirma que fue nacido de mujer.
Génesis 3:15b: «[É]l te herirá en la cabeza y tú lo herirás en el calcañar».	**Colosenses 2:15:** «Y habiendo despojado a los poderes y autoridades, hizo de ellos un espectáculo público, triunfando sobre ellos por medio de Él».	Jesús vino a destruir la obra del diablo; en la cruz le dio la herida mortal en la cabeza y ofreció la libertad a los que Satanás había hecho cautivos del pecado.

Isaías 7:14: «Por tanto, el Señor mismo os dará una señal: He aquí, una virgen concebirá y dará a luz un hijo, y le pondrá por nombre Emmanuel».	**Mateo 1:22-23:** «Todo esto sucedió para que se cumpliera lo que el Señor había hablado por medio del profeta, diciendo: HE AQUÍ, LA VIRGEN CONCEBIRÁ Y DARÁ A LUZ UN HIJO, Y LE PONDRÁN POR NOMBRE EMMANUEL, que traducido significa: DIOS CON NOSOTROS».	Isaías, el profeta mesiánico, 700 años a.C. profetizó que Jesús nacería de una virgen, lo que se hizo realidad y quedó confirmado tal como se lee en Mateo 1:22-23.
Génesis 22:18: «Y en tu simiente serán bendecidas todas las naciones de la tierra, porque tú has obedecido mi voz».	**Gálatas 3:16a:** «Ahora bien, las promesas fueron hechas a Abraham y a su descendencia».	Nótese que no dice: «y a sus descendencias», sino que lo hace en singular. La simiente de Abraham a la que se refiere Génesis 22:18 es Jesús.
Génesis 49:10a: «El cetro no se apartará de Judá, ni la vara de gobernante de entre sus pies». **Salmos 89:3-4:** «Yo he hecho un pacto con mi escogido, he jurado a David mi siervo: Estableceré tu descendencia para siempre, y edificaré tu trono sobre todas las generaciones».	**Mateo 1:1-2:** «Libro de la genealogía de Jesucristo, hijo de David, hijo de Abraham. Abraham engendró a Isaac, Isaac a Jacob y Jacob a Judá y sus hermanos».	La descendencia de la tribu de Judá y la descendencia de David profetizada en Génesis 49:10a y en el Salmo 89:3-4, queda cumplida con lo establecido por Mateo 1:1-2.

Zacarías 9:9:	Mateo 21:5:	
«Regocíjate sobremanera, hija de Sion. Da voces de júbilo, hija de Jerusalén. He aquí, tu rey viene a ti, justo y dotado de salvación, humilde, montado en un asno, en un pollino, hijo de asna».	«DECID A LA HIJA DE SION: "MIRA, TU REY VIENE A TI, HUMILDE Y MONTADO EN UN ASNA"».	La profecía de Zacarías 9:9 se cumple en Mateo 21:5; sin embargo, Jerusalén no se regocijó como debió haber hecho, sino que se rebeló contra el Mesías. Por eso dijo Juan en 1:11: «A lo suyo vino, y los suyos no le recibieron».
Isaías 35:5-6a:	Mateo 11:5:	
«Entonces se abrirán los ojos de los ciegos, y los oídos de los sordos se destaparán. El cojo entonces saltará como un ciervo, y la lengua del mudo gritará de júbilo».	«[L]os CIEGOS RECIBEN LA VISTA y los cojos andan, los leprosos quedan limpios, los sordos oyen, los muertos son resucitados y a los POBRES SE LES ANUNCIA EL EVANGELIO».	Milagros profetizados por Isaías en el Antiguo Testamento fueron confirmados en el Nuevo Testamento y aun en mayores proporciones que lo predicho.
Malaquías 3:1a:	Lucas 3:16a:	
«He aquí, yo envío a mi mensajero, y él preparará el camino delante de mí».	«Juan respondió, diciendo a todos: Yo os bautizo con agua; pero viene el que es más poderoso que yo; a quien no soy digno de desatar la correa de sus sandalias».	El mensajero al que se refiere Malaquías es Juan el Bautista. Pero nótese que la profecía de Malaquías está dada en primera persona, es decir del mismo Señor, y que luego Juan establece la superioridad que ese enviado tendría sobre él.

Isaías 11:2a: «Y reposará sobre Él el Espíritu del SEÑOR». Isaías 61:1: «El Espíritu del Señor DIOS está sobre mí, porque me ha ungido el SEÑOR para traer buenas nuevas a los afligidos; me ha enviado para vendar a los quebrantados de corazón, para proclamar libertad a los cautivos y liberación a los prisioneros».	Lucas 4:17-19: «Le dieron el libro del profeta Isaías, y abriendo el libro, halló el lugar donde estaba escrito: EL ESPÍRITU DEL SEÑOR ESTA SOBRE MÍ, PORQUE ME HA UNGIDO PARA ANUNCIAR EL EVANGELIO A LOS POBRES. ME HA ENVIADO PARA PROCLAMAR LIBERTAD A LOS CAUTIVOS, Y LA RECUPERACIÓN DE LA VISTA A LOS CIEGOS; PARA PONER EN LIBERTAD A LOS OPRIMIDOS; PARA PROCLAMAR EL AÑO FAVORABLE DEL SEÑOR».	Jesús mismo confirmó la profecía. Si no era el Mesías, ¿cómo se atrevió a hacer esa declaración en una sinagoga, en la que había tantos fariseos que lo observaban? Fue el orgullo religioso lo que les impidió a los fariseos ver lo que se había profetizado por tantos años.

Esta última cita de Isaías 61, ha sido muchas veces mal interpretada o aplicada acomodaticiamente. Para ayudar en su interpretación aclaramos que cuando Jesús habla de los pobres no lo hace refiriéndose al aspecto económico, porque el reino que Jesús vino a instaurar fue un reino espiritual. De este modo, **los pobres** a los que se refiere son aquellos que están en bancarrota espiritual, los que no tienen la capacidad de alcanzar la salvación por sí mismos y que están conscientes de su condición. **Los cautivos** se refiere a toda la raza humana que ha estado cautiva del pecado sin capacidad de liberación. **Los ciegos** corresponden también a toda la humanidad que como descendientes de Adán y Eva son incapaces de ver su condición de pecadores y, por ende, no pueden percibir la necesidad de un Salvador.

Y finalmente, **los oprimidos** son los que por esa misma causa están atrapados en su vida de pecado y sufriendo las consecuencias.

Algo notoriamente importante es la porción profética y mesiánica que contiene el Libro de Isaías; tanto es así que, por su gran similitud con la persona de Cristo, esa porción por lo general no se lee en los templos donde se practica el judaísmo. Nos referimos al texto bíblico que va desde 52:13 hasta 53:12, el cual es una descripción casi perfecta de la pasión y muerte de Jesús.

Analicemos estos versículos:

52:14	Fue desfigurada Su apariencia.
53:3	Fue despreciado y desechado de los hombres.
53:4	Fue azotado y afligido.
53:5	Fue herido por nuestras transgresiones y molido por nuestras iniquidades.
53:7	Sin abrir Su boca (sin protestar), llegó hasta la muerte.
53:9	Sería sepultado en la tumba de una persona rica.
53:12	Al entregar su alma estaría entre transgresores (ladrones); cargó con el pecado de muchos y aun así oraría por los que lo transgredieron.

El Libro de Isaías, escrito unos 700 años antes de Cristo, predice de forma detallada la condición en que quedaría el Mesías el día de Su crucifixión después de ser juzgado, flagelado, burlado y finalmente traspasado.

Los Salmos es un libro con el cual muchos cristianos no están familiarizados en cuanto a profecías sobre Jesús, pero realmente son muchos los pasajes en las que estas aparecen y que luego se vieron cumplidas en Su vida, muerte y resurrección. Jesús mismo hizo referencia a cómo en los Salmos se había profetizado sobre Él. Lucas 24:44 dice: «Y les dijo: Esto es lo que yo os decía cuando todavía estaba con vosotros: que era necesario que se cumpliera todo lo que sobre mí está escrito en la ley de Moisés, en los profetas y en los salmos».

Profecías dadas en los Salmos y su cumplimiento en la persona de Jesús

Pasaje que indica la profecía	Pasaje en el que se cumple la profecía	Explicación o interpretación
Declarado Hijo de Dios (Sal. 2:7)	Mateo 3:16-17	La profecía anunciaba que Jesús sería declarado Hijo de Dios, y en Mateo se ve cómo, luego de ser bautizado por Juan, el Espíritu de Dios descendió sobre Él y se escuchó una voz del cielo que decía: «Este es mi Hijo amado en quien me he complacido». Todo el que estaba alrededor fue testigo del cumplimiento de esta profecía en la persona de Jesús.
Sacerdote de la orden de Melquisedec (Sal. 110:4)	Hebreos 5:5-6	Ver «Jesús como sacerdote» en el capítulo 6.
Traicionado por un amigo (Sal. 41:9)	Lucas 22:47-48	Judas, uno de los doce discípulos de Jesús, lo entregó en manos de los principales sacerdotes y oficiales a cambio de dinero.
Acusado por falsos testigos (Sal. 35:11)	Marcos 14:57-58	Si algo caracterizó al juicio de Jesús fue su ilegalidad. Se levantaron falsos testigos en Su contra y cambiaron la acusación.
Odiado sin razón (Sal. 35:19)	Juan 15:24-25	Durante Su ministerio en la tierra Jesús fue odiado por muchos a pesar de Su inocencia y no lo aceptaron como Hijo de Dios.

Despreciado y burlado (Sal. 22:7-8)	Lucas 23:35	La Palabra, en Lucas, recoge cómo todo el pueblo y hasta los gobernantes se mofaban de Él.
Abandonado por el Padre (Sal. 22:1)	Marcos 15:34	Cuando el Hijo carga con los pecados de la humanidad, el Padre «voltea su rostro» y le hace experimentar la soledad y el abandono que experimentaría el pecador que muriera.
Le dieron vinagre mezclado con hiel (Sal. 69:21)	Mateo 27:34	El vinagre era usado al parecer como un anestésico ligero.
Oró por Sus enemigos (Sal. 109:4)	Lucas 23:34	En la cruz, Jesús oró al Padre para que perdonara a aquellos que lo habían entregado.
Los soldados se rifaron Sus ropas (Sal. 22:18)	Mateo 27:35 Juan 19:23-24	Las vestimentas de los crucificados eran por lo general propiedad de los ejecutores de la sentencia.
Ninguno de Sus huesos fue roto (Sal. 34:20)	Juan 19:32-33,36	Era una costumbre quebrar las piernas de los crucificados para acelerar así el proceso de la muerte a fin de que fuera más rápida. Sin embargo, cuando fueron a Jesús, ya había muerto; y así se cumplió la Escritura que decía que ninguno de Sus huesos sería roto.
Resucitaría de entre los muertos (Sal. 16:10; 49:15)	Marcos 16:6-7	La tumba vacía es la evidencia más grande a favor de la autenticidad de la persona de Jesús.
Ascendería a la diestra de Dios (Sal. 68:18)	Marcos 16:19	Jesús regresó a ocupar Su posición original junto al Padre, lleno de gloria.

Conclusión

Una de las razones por las que creemos en la confiabilidad de la Biblia es por el cumplimiento de las profecías de una forma tan precisa. Solo un Dios Todopoderoso, que controle el futuro, puede orquestar la historia de tal manera que acontecimientos profetizados cientos de años antes se cumplan de forma exacta en el tiempo señalado.

De una u otra forma, todas las profecías giran en torno a Jesús, ya que Él es el eje central de toda la historia bíblica. En este capítulo, presentamos solo algunas de las profecías más importantes cumplidas en Su persona. Las probabilidades matemáticas sobre el cumplimiento de las profecías mesiánicas afirman que no se trata simplemente de un hombre, sino del mismo Dios hecho hombre.

Preguntas

1. Después de haber visto el cumplimiento de las profecías en la persona de Jesús, ¿cuál sería tu respuesta al argumento de que Jesús o los escritores del Nuevo Testamento pudieron haber manipulado la Escritura para hacer que Jesús parezca el Mesías?

2. ¿Cuál es la primera profecía hecha acerca de la venida del Mesías?

3. ¿Cuál es la última profecía del Antiguo Testamento con relación a la venida del Mesías?

4. La profecía de Isaías habla de los ciegos, los pobres y los oprimidos… ¿A quiénes se refiere?

5. Muchos de los salmos contienen profecías hechas sobre la persona de Jesús. Menciona tres de las más importantes.

CAPÍTULO 11

LAS AFIRMACIONES DE JESÚS SOBRE SÍ MISMO

«Jesús les dijo: En verdad, en verdad os digo: antes que Abraham naciera, yo soy».

JUAN 8:58

Aunque hoy muchos han llegado al convencimiento de la divinidad de Jesús, una gran mayoría insiste en negarla por completo. Como dijimos anteriormente, hay quienes afirman que Jesús solo fue un gran maestro o un iluminado, como lo fueron algunos de los grandes hombres de la historia. Una de las maneras de conocer a los hombres es examinando lo que ellos dicen de sí mismos. Por eso es tan importante dedicar tiempo para analizar qué dijo realmente Jesús con relación a Su divinidad.

El propósito de esta sección es demostrar que Jesús o fue Dios y por lo tanto lo sigue siendo o fue una persona «demente». Esto es porque si analizamos algunas de Sus afirmaciones nos damos cuenta de que solo Dios o un demente pueden afirmar cosas como estas. Veamos:

Jesús hizo estas afirmaciones

- **Él es igual a Dios.**

  En el texto de Juan 5:18 vemos cómo los

Juan 5:18; 12:45; 14:9

judíos procuraban matarlo por hacerse igual a Dios, algo que Jesús afirmó en otras ocasiones. De manera categórica Jesús declaró: «Yo y el Padre somos uno» (Juan 10:30), y más adelante lo afirmó de otra manera al decir: «El que me ha visto a mí, ha visto al Padre» (Juan 14:9). Dios es uno en esencia (Deut. 6:4) y tres en personas (Mat. 28:19).

- **Él es dador de vida.**

Juan 5:21

  Así lo proclamó Él: «Porque así como el Padre levanta a los muertos y les da vida, asimismo el Hijo también da vida a los que Él quiere» (Juan 5:21). Y es también dador de vida eterna (Juan 5:26).

- **Él es quien juzga a los hombres.**

Juan 5:22

  En 2 Corintios 5:10, se establece que todos compareceremos ante el tribunal de Cristo; pero en Juan 5:22 Cristo expresa de una forma más convincente que Él hará el juicio de los hombres: «Porque ni aun el Padre juzga a nadie, sino que todo juicio se lo ha confiado al Hijo».

- **Él determina el destino del hombre.**

Juan 5:24

  Prestemos atención a estas palabras austeras de parte del Señor: «Respondiendo el Rey [refiriéndose a Jesús], les dirá: "En verdad os digo que en cuanto lo hicisteis a uno de estos hermanos míos, aun a los más pequeños, a mí lo hicisteis". Entonces dirá también a los de su izquierda: "Apartaos de mí, malditos, al fuego eterno que ha sido preparado para el diablo y sus ángeles. Porque tuve hambre, y no me disteis de comer, tuve sed, y no me disteis de beber; fui forastero, y no me recibisteis; estaba desnudo, y no me vestisteis; enfermo, y en la cárcel, y no me visitasteis"» (Mat. 25:40-43).

- **Él tiene vida en sí mismo.**

Juan 5:26

  «Porque así como el Padre tiene vida en sí mismo,

así también le dio al Hijo el tener vida en sí mismo» (Juan 5:26). Solo Dios puede poseer vida en sí mismo, y solo alguien que tenga vida en sí mismo podría dar vida a otros. Nuestras vidas dependen de la Suya y las fuerzas de la naturaleza dependen de Su existencia.

- **Él tiene el poder de la resurrección.**

«Nadie me la quita, sino que yo la doy de mi propia voluntad. Tengo autoridad para darla,

Juan 5:25, 28-29

y tengo autoridad para tomarla de Nuevo» (Juan 10:18). Esto demuestra que podemos confiar en que Él cumplirá Sus palabras y Sus promesas para con nosotros en la vida venidera.

En esencia, Jesús dijo: «**Yo soy Dios**».

Esta afirmación tiene dos posibilidades, como lo ilustra Josh McDowell en su libro *Evidencia que exige un veredicto*.[19]

---

19. Adaptado de Josh McDowell, *Evidencia que exige un veredicto* (Grand Rapids: Vida, 1982), 158.

Afirmar que Jesús fue un gran maestro solamente es afirmar nuestra ignorancia de Sus enseñanzas. Cristo proveyó a lo largo de Su vida todas las evidencias necesarias para probar que Él era realmente el Mesías esperado y el Dios encarnado. Al decir estas cosas debemos pensar que las dijo porque realmente era Dios o las dijo porque estaba demente y no sabía lo que decía. Pero nadie ha llamado a Cristo un demente. La sabiduría de Sus enseñanzas se lo impide. En todo momento llamó a las personas a examinar la Escritura porque «ellas son las que dan testimonio de mí» (Juan 5:39). En otras ocasiones aludió a las obras que había hecho como prueba de Su divinidad.

En Deuteronomio 19:15 dice que la veracidad de un asunto según la ley de Moisés debía establecerse basándose en el testimonio de dos o tres testigos. Siendo congruente con la ley de Moisés, Jesús cita en Juan 5 no dos o tres, sino cinco testigos que dan testimonio de Su persona.

- **Primer testigo:** el Padre (Mat. 3:16-17; Juan 5:32; 8:18).

El Padre habló: «Este es mi Hijo amado en quien me he complacido» (Mat. 3:17b).

- **Segundo testigo:** Juan el Bautista (Juan 5:33).

Este profeta de Dios testificó acerca de Él: «He ahí el Cordero de Dios que quita el pecado del mundo» (Juan 1:29b).

- **Tercer testigo:** las obras que hacía (Juan 5:36).

Las obras anunciadas en el Antiguo Testamento (Isa. 29:18) fueron realizadas por Jesús.

Mateo 11:2-5: «Y al oír Juan en la cárcel de las obras de Cristo, mandó por medio de sus discípulos a decirle: ¿Eres tú el que ha de venir, o esperaremos a otro? Y respondiendo Jesús, les dijo: Id y contad a Juan lo que oís y veis: los CIEGOS RECIBEN LA VISTA y los cojos andan, los leprosos quedan limpios, los sordos oyen, los muertos son resucitados y a los POBRES SE LES ANUNCIA EL EVANGELIO».

- **Cuarto testigo:** la Escritura (Juan 5:39).

Isaías, Zacarías, Malaquías y otros testificaron de Él.

- **Quinto testigo:** Moisés (Juan 5:45-47).

Moisés anunció Su venida (Deut. 18:18).

La historia pone de manifiesto que la incredulidad del hombre no es por falta de evidencia, sino por conveniencia. Al hombre no le conviene creer porque creer conlleva a someterse a Su señorío. Los judíos creían por tradición que había ciertos milagros que solo el Mesías podía hacer, a los cuales llamaron «Milagros mesiánicos».[20] Entre ellos estaban:

- La sanidad de alguien que hubiese nacido ciego. Ellos pensaban que, si alguien nacía enfermo, eso era una consecuencia de algún pecado que sus padres o el feto habían cometido durante el período de gestación (ver Juan 9). Solo el Mesías podía sanar a alguien así.
- La resurrección de una persona después del tercer día de su muerte, pues ellos pensaban que el espíritu de la persona se quedaba «rondando» por tres días (ver Juan 11). Por tanto, resucitar a alguien al cuarto día como Jesús hizo con Lázaro era algo que según su tradición solo el Mesías esperado podía hacer.
- La sanidad de un leproso (ver Luc. 5:12-16). Después de que la ley de Moisés fue completada, no hay en la historia judía un solo caso donde un descendiente de Abraham haya sido sanado

---

20. Dr. Arnold G. Fruchtenbaum, *The Messianic Bible Study, Manuscript No. 35* [Estudio bíblico mesiánico, manuscrito n.° 35] (San Antonio: Ariel Ministries, 1983), 1-18.

de lepra. Por lo tanto, los rabinos enseñaban que solo el Mesías podía hacer tal cosa.

Jesús hizo todos esos tipos de milagros y aun así no creyeron en Él porque el gran problema del hombre es que su corazón no quiere creer.

En ocasiones diferentes, Jesús usó la expresión: «Yo Soy» para afirmar Su divinidad, sobre todo para el pueblo hebreo que estaba familiarizado con esa expresión. En Éxodo 3:13 leemos sobre la respuesta que Dios dio a Moisés cuando este le preguntó sobre qué le respondería al pueblo si ellos le preguntaban por el nombre del Dios que lo enviaba a ellos. Y el Señor respondió: «… Así dirás a los hijos de Israel: "YO SOY me ha enviado a vosotros"» (3:14). Comparemos esa expresión con las siguientes expresiones que salieron de los labios de Jesús:

Juan 8:28: «… Cuando levantéis al Hijo del Hombre, entonces sabréis que **yo soy**».

Juan 8:58: «… En verdad, en verdad os digo: antes que Abraham naciera, **yo soy**».

Cuando Jesús usa el YO SOY como un calificativo para referirse a Su persona, lo que Él está diciendo en esencia es que no hay diferencias entre el Jehová del Antiguo Testamento que se le reveló a Moisés y Él. El nombre YO SOY hace referencia a la autosuficiencia de Dios. Él no necesita de nada ni de nadie.

Los siete bien reconocidos «Yo soy» de Jesús

- **Yo soy el pan de vida**
  Sin Su sustento, el hombre muere espiritualmente.

- **Yo soy la luz del mundo**
  Sin Él, el mundo permanece en tinieblas (en pecado).

  Juan 6:35

- **Yo soy la puerta**
  Él es el único acceso al Padre.

  Juan 8:12

- **Yo soy el buen pastor**
  Solo Él ha dado la vida por Sus ovejas.

  Juan 10:7, 9

- **Yo soy la resurrección y la vida**
  Su resurrección garantiza la nuestra.

  Juan 10:11,14

- **Yo soy el camino, la verdad y la vida**
  No hay otro camino. Su evangelio es
  exclusivista (toda verdad es exclusiva).

  Juan 11:25

- **Yo soy la vid verdadera**
  Él es el tronco y nosotros las ramas. Sin Él
  nada podemos hacer.

  Juan 14:6

1. *Cristo como el pan de vida.* Es increíble que el
ser humano, que vive hambriento, prefiera «comer»

  Juan 15:1, 5

cualquier otra enseñanza antes que lo que Dios tiene para ofrecerle.
La razón es, hasta cierto punto, entendible porque se necesita un
«apetito divino» para desear el «alimento divino», y eso es lo que el
ser humano no tiene.

2. *Cristo como la luz del mundo.* En Juan 3:19 hay una acusación
que pesa severamente contra el hombre, y es que, cuando la luz vino a
ellos, el hombre amó más las tinieblas (el pecado) que la luz (la verdad).

3. *Cristo como la puerta.* Cuando Cristo dijo: «Yo soy la puerta»,
afirmó ser la única entrada al Padre. De hecho, en Juan 10:1, Él
llama ladrón y salteador a todos aquellos que tratan de entrar por
otra puerta y a aquellos que vinieron antes que Él haciéndose pasar
por el Mesías. Lo mismo podría decirse hoy de aquellos que hacen
igual. Se consideran ladrones porque quieren robarle la gloria a Dios
y salteadores porque asaltan la mente de aquellos que los siguen y
corrompen sus pensamientos.

4. ***Cristo como el buen pastor.*** Jesús guía a Sus ovejas a lugares donde ellas puedan ser alimentadas y a aguas de reposo. Todo buen pastor cuida de forma personal a sus ovejas y las conoce por su nombre. Lo mismo ocurre con Jesús. El pastor garantiza que las ovejas no se salgan del redil. Y esa es una de las funciones de Jesús. Él murió por ellas y hoy vive para garantizar su salvación (Juan 10).

5. ***Cristo como la resurrección y la vida.*** Cuando Cristo dijo: «Yo soy la resurrección y la vida», Él no solo enseñó eso de palabras, sino que lo demostró con los hechos. Su resurrección nos llena de esperanza porque Él ha prometido la nuestra.

6. ***Cristo como el camino, la verdad y la vida.*** Cristo dijo: «Yo soy el camino, la verdad y la vida». El concepto del camino, el concepto de la verdad y el concepto de la vida eran tres ideas muy importantes para los judíos, y Cristo viene y dice que Él es esas tres cosas al mismo tiempo. Cristo es el camino que hay que seguir, Él es la verdad que tenemos que creer y Él es la vida que tenemos que vivir. Cristo no señaló el camino, sino que se identificó Él mismo como el camino; y aunque esto es en sentido figurado, lo único que podemos hacer es seguirlo. Pensemos: ¿qué es preferible: que alguien nos dé la dirección para llegar a un lugar o que esa persona nos tome de la mano y nos lleve? La respuesta es obvia. Preferimos que nos tomen de la mano. Eso ha hecho Cristo. Esa fue la promesa de Cristo en **Juan 14:3: «os tomaré conmigo»**. Cuando Cristo dice: «os tomaré conmigo», lo que nos está tratando de transmitir es que, una vez yo haya puesto mi confianza en Él, no hay forma de que yo me pierda porque Él caminará con nosotros a lo largo de todo el camino hasta llegar al Padre; eso garantizará que yo no me pierda en el camino.

Un camino es algo que une dos puntos o que lleva de un lugar a otro. Eso es exactamente lo que Jesús es:

- la persona que une al hombre con Dios;
- la persona que lleva al hombre del mundo de tinieblas al mundo de la luz;

- la persona que lleva al hombre de su condición de esclavo a libre;
- la persona que nos permite pasar de huérfano a hijo adoptado;
- la persona que nos trae de la muerte a la vida.

El concepto del camino y el concepto de la verdad son temas recurrentes en los salmos: «Lámpara es a mis pies tu palabra, y luz para mi camino» (Sal. 119:105). «SEÑOR, enséñame tu camino...» (Sal. 27:11). «Enséñame, oh SEÑOR, tu camino; andaré en tu verdad» (Sal. 86:11). Es notorio cómo el salmista enlaza los temas del camino y la verdad. Cristo es la personificación de la verdad y a la vez es el camino que lleva a la verdad que Él encarnó.

7. *Cristo como la vid verdadera.* Finalmente, cuando Jesús se identifica como la vid verdadera, lo que está explicando es que nosotros como ramas dependemos de Él porque el tronco es el que sostiene y que sustenta y que, separados de Él, nada podemos hacer (Juan 15:5).

Conclusión

Como hemos dicho antes, muchos están dispuestos a creer en Cristo solamente como maestro y niegan Su divinidad. Los que afirman esto desconocen las afirmaciones de Jesús sobre sí mismo porque si hay algo que está claro es que Jesús fue crucificado por decir que era Dios (Juan 5:18). Jesús afirmó Su divinidad una y otra vez. No podemos escoger de Sus enseñanzas la parte con la que estamos de acuerdo y desechar el resto. Cristo trazó la línea muy clara en la arena: o estamos con Él o estamos contra Él, o recogemos con Él o desparramamos (Mat. 12:30), pero no hay zona intermedia.

Al hablar sobre sí mismo, Jesús proveyó cinco testigos diferentes que confirmaban Sus aseveraciones, pero el pueblo quiso ignorar a los testigos. El pueblo desoyó las palabras de Moisés a quien tenían en alta estima; ignoraron los múltiples escritos del Antiguo Testamento que hablaban del Mesías venidero; rehusaron reconocer los milagros hechos por Él y que habían sido anunciados; no hicieron caso a las palabras de Juan el Bautista a quien ellos tenían por profeta y, finalmente, rechazaron las palabras del Padre el día del bautismo de Jesús en el río Jordán. Al final, el pueblo pagó sus consecuencias.

Preguntas

1. ¿Qué afirmaciones hizo Jesús sobre sí mismo que reflejan Su divinidad?

2. Cristo mencionó cinco testigos que daban testimonio de Él. Enuméralos.

3. ¿Cuáles son los llamados milagros mesiánicos?

4. ¿A qué hace alusión el nombre «Yo Soy»?

5. ¿Qué quiso transmitirnos Jesús cuando usó la expresión «YO SOY» como un calificativo para referirse a Su persona?

CAPÍTULO 12

LA SANTIDAD DE JESÚS

«*La soledad es el precio que el santo paga por su santidad*»
A. W. TOZER

Dentro del pueblo de Dios se ha hablado y se ha predicado tanto sobre la bondad de Jesús, de Su amor y Su perdón, que estos conceptos, interpretados aisladamente o mal interpretados, han dado lugar a que en muchas ocasiones se olvide que ese Jesús es el Señor del universo revestido de absoluta santidad. Como tal, Jesús merece la misma reverencia que Dios Padre porque es uno en esencia con Él. Raramente se ve a Jesús airado en los Evangelios. Tal vez sea esa una de las razones por lo que se lo percibe más bien como el que todo lo acepta sin nunca juzgar o castigar. Y esto ha llevado con frecuencia, incluso a los creyentes, al irrespeto o la valoración inferior de la persona de Jesús.

El Evangelio de Juan registra un hecho ocurrido durante la Pascua judía en el que se ve la ira de Jesús desbordando en el templo de Jerusalén (Juan 2:13-17) al presenciar cómo se mercadeaba en el templo y cómo los cambistas de dinero y los vendedores negociaban con los animales que debían ser usados para los sacrificios hechos en el templo. La violación de la santidad de Dios provocó la ira santa de Jesús.

Durante la Pascua, el pueblo judío conmemoraba la última plaga enviada por Dios al pueblo de Egipto antes de que salieran al desierto (Ex. 12). Para ellos era la fiesta más importante, y estaba establecido con carácter obligatorio que los hombres de más de 20 años de edad asistieran al templo para esa fecha a ofrecer sacrificios por sus pecados. Viajaban a Jerusalén desde las distintas áreas de Israel y del resto del Imperio romano en las que vivían dispersos. Viajar con los animales para el sacrificio resultaba muy complicado. Los judíos decidieron entonces establecer un negocio de venta de animales para ofrecerlos a los viajeros y esto se hacía en los atrios del templo. Por otro lado, los viajeros necesitaban cambiar su dinero a la moneda local, y de este intercambio los judíos también hicieron otro negocio. Los cambistas cobraban altas sumas de dinero, lo que convertía al negocio en una verdadera usura, y también lo hacían en el templo. Todo esto violaba la santidad de Dios, y esa violación fue la razón por la que Jesús reaccionó de manera airada tumbando las mesas de los cambistas y echando fuera del templo a todo el mundo. Es interesante ver cómo Jesús supo tolerar que lo llamaran bebedor y glotón, pero cuando se violó la santidad del templo, y por lo tanto de Dios, reaccionó con una ira santa.

Después de limpiar el templo de sus negocios, vemos cómo Jesús hace uso de esta frase que aparece en Juan 2:19: «Destruid este templo, y en tres días lo levantaré». Con estas palabras, Jesús se está refiriendo a Su muerte y Su resurrección (Juan 2:22). Es bueno hacer la observación de que el templo de Israel, al igual que el tabernáculo, era considerado el lugar donde «habitaba» la presencia de Dios. Cuando Jesús expresa: «Destruid este templo, y en tres días lo levantaré», lo dice considerando que en Su persona habitaba la plenitud de Dios (Col. 2:8-9), como lo explicamos en el capítulo 2. Por eso Jesús llama templo a Su propio cuerpo, de donde se deduce que la santidad de Dios Padre es la misma del Dios Hijo. Haber violado la santidad del Padre significaba haber violado la santidad del Dios Trino. Este pasaje del Evangelio de Juan explica por sí solo la santidad del Dios hecho hombre.

La santidad de Dios en la persona de Jesús es manifestada en diferentes encuentros. En Lucas 5:4-8 leemos sobre uno de esos momentos: «Cuando terminó de hablar, dijo a Simón: Sal a la parte más profunda y echad vuestras redes para pescar. Respondiendo Simón, dijo: Maestro, hemos estado trabajando toda la noche y no hemos pescado nada, pero porque tú lo pides, echaré las redes. Y cuando lo hicieron, encerraron una gran cantidad de peces, de modo que sus redes se rompían; entonces hicieron señas a sus compañeros que estaban en la otra barca para que vinieran a ayudarlos. Y vinieron y llenaron ambas barcas, de tal manera que se hundían. Al ver esto, Simón Pedro cayó a los pies de Jesús, diciendo: ¡Apártate de mí, Señor, pues soy hombre pecador!».

Cuando Jesús instruye a Pedro a mover la barca un poco más allá y a echar las redes del otro lado, es muy probable que todo tipo de pensamientos cruzaran por la mente de Pedro. Quizás pensó que Jesús no tenía más experiencias que ellos o que Jesús los estaba subestimando como pescadores. Cuando Pedro vio que las redes se llenaron de peces, miró a Cristo y le dijo: «**¡Apártate de mí, SEÑOR, pues soy hombre pecador!**», en vez de alegrarse por lo ocurrido o en lugar de haber invitado a Jesús a quedarse con ellos. La reacción de Pedro no fue de alegría, sino de remordimiento de conciencia al verse confrontado por la santidad de la persona que tenía en frente. ¿Qué es lo que hace que Pedro reaccione de ese modo? No es el despliegue de poder, porque él había visto de parte de Jesús manifestaciones como esas en ocasiones anteriores. Es la santidad de Dios develada en ese momento lo que lo atemorizó, como bien explica R. C. Sproul.[21]

Nadie puede permanecer impasible cuando la santidad de Dios es revelada por completo. Pedro se vio tal cual él era y sintió miedo. El encuentro con la santidad de Dios nos permite vernos en toda nuestra pecaminosidad, y esa experiencia es traumática para el hombre. Igual le sucedió al profeta Isaías; cuando vio el trono de Dios y vio a aquel que es Alto y Sublime (Isa. 6:1-8), inmediatamente proclamó: «¡Ay de mí! que soy muerto; porque siendo hombre inmundo de labios, y

---

21. R. C. Sproul, *The Holiness of God* [La santidad de Dios] (Carol Stream: Tyndale House Publishers, Inc., 1998), 57.

habitando en medio de pueblo que tiene labios inmundos, han visto mis ojos al Rey, Jehová de los ejércitos» (RVR1960).

Pedro, Juan y Jacobo tuvieron también un encuentro con la santidad de Jesús (Mat. 17:1-6). En el monte de la transfiguración, estos tres discípulos vieron la gloria de Dios reflejada en la persona de Jesús. El Dios hecho hombre se transfiguró ante ellos; Su rostro resplandeció y, al resplandecer, Sus vestiduras perdieron el color. Pedro, Juan y Jacobo tuvieron miedo (v. 6) como una reacción natural del hombre pecaminoso cuando ve manifestada la santidad de Dios en toda su dimensión.

No solo los discípulos tuvieron encuentros con la santidad de Dios, sino que otras personas también, como los soldados romanos que fueron al huerto de Getsemaní a apresarlo. Juan 18:3-6 describe esta ocasión cuando los soldados fueron a apresar a Cristo. Jesús pregunta a los soldados: «¿A quién buscáis?», a lo cual los soldados responden: «A Jesús el Nazareno». Cuando Jesús exclama: **«Yo soy»**, inmediatamente los soldados «retrocedieron y cayeron a tierra» (v. 6). La expresión «Yo Soy» pronunciada por Jesús en el huerto de Getsemaní en el momento del encuentro con los soldados romanos lo identificó ante ellos como el «Yo Soy» que se reveló a Moisés (Ex. 3:14). Y en ese momento la maldad de los soldados se vio confrontada por la santidad de Cristo. Por eso cayeron al suelo. La santidad de Dios es «traumática e intolerable» para el hombre pecador. De ahí que el cuerpo humano de Jesús, durante Su encarnación, sirviera más bien para ponerle un «velo» a Su santidad. Velar Su santidad era una forma para que las personas pudieran acercársele y relacionarse más fácilmente con Él.

Posteriormente, también Pablo tuvo un encuentro con la santidad del Cristo resucitado (Hech. 9:3-6). Cuando hablamos de la santidad de Cristo nos referimos a la manifestación gloriosa de Su majestad y de Su condición de pureza. En el camino a Damasco, Jesús se le revela a Pablo y, en el momento de la manifestación, el reflejo de Su santidad resultó tan traumático que Pablo no solo cayó al suelo, sino que quedó ciego por tres días. Esa sola experiencia fue suficiente para convertir a Pablo en un instante en el mayor de los creyentes. Nadie experimenta la manifestación de la santidad de Jesús sin tener una experiencia transformadora.

No solo Pedro en la barca, los discípulos en el monte de la transfiguración, los soldados romanos en el huerto de Getsemaní, Pablo camino a Damasco, sino también Juan en la isla de Patmos tuvo una experiencia «traumática» con la santidad de Jesús. Al final del relato bíblico, en Apocalipsis 1:9-17 se lee acerca de la experiencia de Juan, donde él tuvo un encuentro con la santidad de Jesús. Ante el despliegue de Jesús en toda Su santidad, Juan cayó como muerto (v. 17) y solo reaccionó al recibir palabras de consolación de parte del mismo Jesús: «**No temas, yo soy el primero y el último, y el que vive, y estuve muerto; y he aquí, estoy vivo por los siglos, de los siglos y tengo las llaves de la muerte y del Hades**» (Apoc. 1:17-18), significando: «Yo estoy en control de todo cuanto ha existido, existe y existirá en todo lugar». La primera reacción de Juan fue de asombro y de temor. De nuevo, ver a Dios en toda Su santidad y al mismo tiempo verse confrontado en su pecaminosidad es algo que no le es fácil al hombre experimentar.

Esta es la razón por la que Dios no le permitió a Moisés ver Su gloria. En Éxodo 33:18-23 leemos lo siguiente: «Entonces Moisés dijo: Te ruego que me muestres tu gloria. Y Él respondió: Yo haré pasar toda mi bondad delante de ti, y proclamaré el nombre del SEÑOR delante de ti; y tendré misericordia del que tendré misericordia, y tendré compasión de quien tendré compasión. Y añadió: No puedes ver mi rostro; porque nadie puede verme, y vivir. Entonces el SEÑOR dijo: He aquí, hay un lugar junto a mí, y tú estarás sobre la peña; y sucederá que al pasar mi gloria, te pondré en una hendidura de la peña y te cubriré con mi mano hasta que yo haya pasado. Después apartaré mi mano y verás mis espaldas; pero no se verá mi rostro». Cuando Dios hizo esto «Moisés se apresuró a inclinarse a tierra y adoró» (Ex. 34:8). Al bajar Moisés del monte, «la piel de su rostro resplandecía; y tuvieron temor de acercarse a él» (Ex. 34:30). Lee también los versículos 31-35. Esa es la misma santidad que resplandecía en Cristo en algunas ocasiones y que llenaba de temor a aquellos que la contemplaron.

En todos y cada uno de los casos analizados, la respuesta de estos hombres al encontrarse frente a frente con la santidad de Jesús fue la de postrarse rostro en tierra llenos de temor y reverencia. Jesús, aunque es el amigo y el intercesor ante el Padre de todos los creyentes, no deja de ser **el Señor del universo**. A Él se le debe reverencia absoluta.

Hasta los demonios reconocieron la santidad de Jesús, como revela **Marcos 1:21-24**: «Entraron en Capernaúm; y enseguida, en el día de reposo entrando Jesús en la sinagoga comenzó a enseñar. Y se admiraban de su enseñanza; porque les enseñaba como quien tiene autoridad, y no como los escribas. Y he aquí estaba en la sinagoga de ellos un hombre con un espíritu inmundo, el cual comenzó a gritar, diciendo: ¿Qué tenemos que ver contigo, Jesús de Nazaret? ¿Has venido a destruirnos? **Yo sé quién eres: el Santo de Dios**». Hasta los demonios, que no tienen ninguna relación con Jesús porque son ángeles caídos, reconocen Su santidad y se atemorizan ante ella.

La santidad de Jesús y la supremacía de Su señorío

En el **Salmo 110:1**, en la Biblia de las Américas, aparece esta expresión: **«Dice el SEÑOR a mi Señor: Siéntate a mi diestra, hasta que ponga a tus enemigos por estrado de tus pies».** La palabra *SEÑOR* en mayúscula es usada en esta traducción para referirse al nombre Jehová, y la palabra Señor con solo la «S» en mayúscula traduce otros nombres y, en este caso del salmo 110, está traduciendo el nombre Adonai. Por eso, en el original este salmo aparece escrito de esta forma: «Dice Jehová a Adonai...», lo que equivaldría a decir: «Dice Dios Padre a Dios Hijo: siéntate a mi diestra...». La diestra del Padre es símbolo de autoridad y es el Hijo quien ocupa ese lugar, como revela **Hebreos 10:12**: «[P]ero Él, habiendo ofrecido un solo sacrificio por los pecados para siempre, SE SENTÓ A LA DIESTRA DE DIOS».

La palabra *Adonai*[22] es una palabra compuesta. *Adon* equivale a

---

22. R. Laird Harris, Gleason L. Archer, Jr. y Bruce K. Waltke, *Theological Wordbook of the Old Testament* [Diccionario teológico de palabras del Antiguo Testamento] (Chicago: Moody Press, 1980), 12-13.

Señor y el sufijo 'ai' lo convierte en un plural de majestad. Podríamos pensarlo como un «Supremo Señor», como realmente Cristo es. Por eso Él es llamado «REY DE REYES Y SEÑOR DE SEÑORES» (Apoc. 19:16).

Por eso Pablo, en Colosenses 1:16, dice que todo fue hecho por Él y para Él. Jesús es Señor; Él es el «*kurios*» del griego y el «Adonai» del hebreo. Si el hombre olvida que Jesús es su Adonai no le rendirá nunca la reverencia que merece.

Como dice una canción de Jesús Adrián Romero:[23] «*No es como yo, aunque se haya hecho hombre y le llame por su nombre; no es como yo*». A continuación transcribimos el texto completo de la canción:

No es como yo
Aunque se haya hecho hombre
Y le llame por su nombre
No es como yo

No es como yo
Aunque en todo fue tentado
Él es limpio y sin pecado
No es como yo
La pureza y santidad son su color de piel

No es como yo
Él es santo y es perfecto
Es sublime y es eterno
No hay comparación

No es como yo
Él trasciende lo que existe
Y de majestad se viste
No hay comparación

---

23. Jesús Adrián Romero, «No es como yo», *El aire de tu casa*, Vástago Producciones, 2005.

No es como yo
Aunque se haya hecho carne
Y mi hermano Él se llame
No es como yo

No es como yo
En el cielo está su trono
Su poder lo llena todo
No es como yo
La creación toda rodilla doblará a sus pies

Conclusión

«Buscad [...] la santidad, sin la cual nadie verá al Señor», dice la Palabra en Hebreos 12:14. Por tal razón, Cristo, en la cruz, toma mi pecaminosidad y me entrega a cambio Su santidad. Por eso yo puedo entrar a la presencia de Dios.

Cuando Cristo no es visto en toda Su santidad, la tendencia es de tratar de humanizarlo. Pero en ese humanizar a Cristo se diviniza al hombre; la adoración se hace trivial y Su Palabra es minimizada. El resultado es en consecuencia un cristiano secularizado que siempre anda por la vida como un barco a la deriva.

No podemos olvidar que, aunque Jesús se encarnó y murió en una cruz de forma tan humillante, Él es el soberano Señor del universo. La iglesia de hoy ha olvidado esa verdad y ha humanizado a Cristo mientras ha endiosado al hombre. En la India, que es un país en cuya cultura el respeto y la reverencia juegan un papel tan importante, los hijos, para referirse a los padres, no los llaman simplemente papá y mamá que sería «pita» y «mata» (así se pronuncia) en su idioma, sino que los nombran como «pita yi» y «mata yi» (pronunciados así) que equivale a «papá señor» y «mamá señora», respectivamente. Esta es su costumbre como símbolo del respeto que los hijos les deben a los padres, lo que no disminuye la relación de afecto entre ellos. Del mismo modo, en la relación con Jesús no se puede perder el sentido de que Jesús es Dios y Dios es **el soberano Señor.**

Preguntas

1. ¿Cuál fue la reacción natural que hombres comunes como Pedro, Pablo o los soldados romanos tuvieron al tener un encuentro con la santidad de Dios? ¿Por qué?

2. ¿Qué implicaciones tiene la declaración bíblica de que sin santidad nadie verá a Dios? ¿Cuál es la esperanza del pecador ante tal declaración?

3. ¿Qué cosas han contribuido a que el cristiano no tenga un alto concepto de la santidad de Jesús?

4. ¿Qué consecuencias ha tenido para la iglesia de hoy humanizar a Cristo y dejar a un lado Su santidad?

5. La palabra *santo* tiene dos significados principales; investiga cuáles son.

CAPÍTULO 13

LA EXPIACIÓN DE CRISTO

«Entonces Jesús, cuando hubo tomado el vinagre, dijo: ¡Consumado es! E inclinando la cabeza, entregó el espíritu».

JUAN 19:30

El versículo citado arriba y en particular la frase «consumado es» están directamente relacionados con la controversia que se desarrolló en el siglo XVI por medio de Martín Lutero. En aquel momento, la Iglesia católica romana enseñaba que el hombre podía lograr el perdón de sus pecados de varias maneras:

1. A través del bautismo, un sacramento capaz de perdonar cualquier pecado cometido antes de que la persona fuera bautizada y un sacramento mediante el cual el pecador recibía la salvación a través de una infusión especial de gracia.
2. Después del bautismo, los pecados eran perdonados, ya fuera por la compra de una indulgencia, la visita a alguno de los lugares sagrados designados por Roma, el sacramento de la penitencia o, incluso, por la participación en una de las cruzadas, que se prolongaron hasta el siglo XIII.

De estas enseñanzas que acabo de mencionar, la que realmente irritó a Lutero fue la venta de indulgencias, liderada por Johann Tetzel, que consistía en el perdón del pecado a cambio de dinero donado a la Iglesia católica con el propósito expreso de terminar la construcción de la Basílica de San Pedro.

Más temprano en su vida, Lutero había creído en las enseñanzas de la Iglesia católica y, aunque diariamente practicó la confesión de pecados y el sacramento de la penitencia que sigue a la confesión, no pudo encontrar descanso para su alma. No está del todo claro cómo Lutero llegó a una nueva comprensión bíblica de la salvación, pero muchos creen que en algún momento alrededor del año 1519 descubrió que es imposible para el hombre ser justificado por las obras de la ley. De hecho, en la primera tesis de la disputa de Heidelberg, del año 1518, afirma que «la Ley de Dios es incapaz de conducir al hombre a la justicia, más bien es un estorbo».

A medida que avanzaba en el estudio de la Palabra de Dios, Lutero comprendía mejor la salvación.

Lutero llegó a creer que la doctrina de la justificación solamente por la fe era el principio sobre el cual la Iglesia se levanta o se cae. Esta enseñanza llegó a ser conocida como «el principio material de la Reforma». El principio de Sola Escritura fue el principio formal donde radicó la autoridad y sobre el cual el movimiento creció. Pero el «detonante» del movimiento fue la doctrina de la justificación solo por la fe. Como dice Benjamin Warfield en su libro *Studies in Theology* [Estudios de teología], «la Reforma vive, se mueve y tiene su esencia» en esta doctrina.[24]

Dicho esto, debemos recordar que la fe es el medio o instrumento de la justificación. Pero el fundamento de la justificación descansa sobre dos hechos:

- la perfecta obediencia de Cristo a la ley moral de Dios y
- la muerte obediente de Cristo en la cruz.[25]

Cuando Cristo dijo: «Consumado es», anunció el fin de la ley que había cumplido en su totalidad y proclamó Su muerte, tomando el lugar del pecador.

---

24. Benjamin B. Warfield, *Studies in Theology* [Estudios de teología], Vol. IX (Grand Rapids: Baker Books, 1932), 465.
25. Bruce Demarest, *The Cross and Salvation*, [La cruz y la salvación], (Wheaton: Crossway, 2006), 368-70.

A partir de aquel momento y sobre la base de esos dos perfectos actos de obediencia (Su vida en conformidad con la ley de Dios y Su muerte expiatoria), Dios declararía al pecador como perdonado y justificado, cuando deposite su fe en la obra terminada de Cristo.

Los elegidos de Dios fueron justificados por Cristo en la cruz cuando Él dijo: «Consumado es». Romanos 8:29-30 nos recuerda que Dios «a los que de antemano conoció, también los predestinó a ser hechos conforme a la imagen de su Hijo, para que Él sea el primogénito entre muchos hermanos; y a los que predestinó, a esos también llamó; y a los que llamó, a esos también justificó; y a los que justificó, a esos también glorificó». Cada acción está expresada en tiempo pasado. En otras palabras, en la cruz, Cristo no nos hizo potencialmente justificables, sino más bien justificó a los Suyos. Esto se logró cuando dijo: «Consumado es». Ahora, la aplicación de esa justificación tendría que esperar hasta que se produjera el arrepentimiento del pecador.

En griego, y también en arameo, la frase «consumado es» es una sola palabra. En griego, es *tetelestai*, una palabra repleta de significado. Alguien dijo que esta es «¡la palabra más grande que el hombre más grande pronunciara en el día más grande!».

Alguien podría pensar que el primer día de la creación fue el más grande de la historia, pero yo diría que el día más grande de la historia fue aquel en que Cristo se colgó en una cruz en un pequeño monte llamado Calvario. Digo esto porque el día en que Dios creó el mundo, la creación estaba destinada a la ruina, que tuvo lugar cuando Adán cayó. Pero en el momento en que el segundo Adán exclamó: «Consumado es», el mundo estaba destinado a la gloria.

El momento en que Jesús dijo *tetelestai* fue el clímax de la historia humana. La historia fue preparada para este evento singular.

Desde la caída de Adán, dos historias diferentes comenzaron a entrelazarse:

- la historia del pueblo hebreo y
- la historia del mundo sin Dios, el pueblo pagano.

El Imperio egipcio llegaría al poder y a esclavizar al pueblo de Dios durante 400 años. Luego, durante cientos de años, un imperio tras otro hizo lo mismo: primero el asirio, luego el babilónico, el persa, el griego y finalmente el Imperio romano. En cada caso, la nación hebrea estuvo sometida a la esclavitud. Y sin embargo, en la plenitud de los tiempos, como dice Gálatas 4:4, Dios envió a Su Hijo a la nación de Israel, «nacido de mujer, nacido bajo la ley».

Al nacer, Jesús comenzó Su trabajo. En la cruz, Él terminó Su obra. Todo culminó allí: *tetelestai*.

El predicador del siglo XIX Charles Spurgeon dijo que la palabra *tetelestai* era «un océano de significado en una gota de lenguaje».[26] Y añadió: «Esta sola palabra necesitaría todas las otras palabras que se han pronunciado o que se pueden pronunciar, para explicarla. [...] Es completamente inconmensurable, es alta, no puedo alcanzarla, es profunda, no la entiendo».[27]

Todo el movimiento de la Reforma dependió de esta única palabra: *tetelestai*. La obra terminada de Cristo en la cruz es el fundamento de la doctrina de la justificación por la fe solamente.

Las cosas no comenzaron el 31 de octubre de 1517, cuando Martín Lutero clavó sus 95 tesis en la puerta de la catedral de Wittenberg. En realidad, todo comenzó un viernes por la tarde hace unos 2000 años, cuando...

- un rabino judío,
- prometido desde la eternidad,
- fue clavado en una cruz en un lugar llamado Gólgota,
- después de haber sido acusado de blasfemia ante el Sanedrín judío y
- acusado de ser un revolucionario ante las autoridades romanas.

Ese hombre...

26. Charles Spurgeon, «Christ's dying Word for His church in John» [Las últimas palabras de Cristo al morir para Su Iglesia en el Evangelio de Juan], en *Spurgeon's Sermons by each book* [Sermones de Spurgeon según cada libro], edición Kindle, Loc. 71981 de 79445.
27. *Ibid.*

- había nacido en un pesebre; y
- durante unos 30 años vivió en perfecta conformidad con la ley de Dios; y
- durante esas tres décadas, enseñó y solo hizo lo que el Padre le había ordenado que hiciera, ni más ni menos.

El Mesías anunciado por los profetas completó Su misión y, la noche antes de Su muerte, subió a un aposento alto para pasar tiempo prolongado con Sus discípulos y comer la Última Cena con ellos. En algún momento de la noche, Jesús interrumpió Su conversación con Sus discípulos y comenzó a hablar con Su Padre. Y estas palabras son parte de esa conversación entre el Hijo y el Padre: «Yo te glorifiqué en la tierra, habiendo terminado la obra que me diste que hiciera» (Juan 17:4).

La historia se puso en movimiento en la eternidad pasada, cuando el Padre, el Hijo y el Espíritu Santo celebraron una reunión para discutir la historia de la humanidad antes de la creación del mundo. La Trinidad pudo ver la caída futura de Adán y Eva. La solución a la rebelión fue la crucifixión del Hijo. Por lo tanto, Él se entregó a sí mismo como una ofrenda por el pecado. Es por eso que 1 Pedro 1:20 dice que Jesús «estaba preparado desde antes de la fundación del mundo». Ciertamente era Él. La redención de la humanidad no fue el plan B de Dios. Fue el plan A desde el principio. El drama de la redención se estaba desarrollando. Lo que comenzó en la eternidad pasada concluyó cuando Cristo fue clavado en la cruz. Y mientras estuvo en la cruz, desde allí, Jesús pronunció algunas de las palabras más preciosas jamás escuchadas.

1) Las palabras de un Redentor: «Padre, perdónalos, porque no saben lo que hacen» (Luc. 23:34).
2) Las palabras de un Salvador: «En verdad te digo: hoy estarás conmigo en el paraíso» (Luc. 23:43).
3) Palabras de un Consejero: «¡Mujer, he ahí tu hijo! Después dijo al discípulo: ¡He ahí tu madre!» (Juan 19:26-27).
4) Palabras de un verdadero Sustituto: «ELI, ELI, ¿LEMA

SABACTANI? Esto es: «DIOS MÍO, DIOS MÍO, ¿POR QUÉ ME HAS ABANDONADO?» (Mat. 27:46b).

5) Palabras de un ser humano en necesidad: «Tengo sed» (Juan 19:28).

6) Una palabra de triunfo: «¡Consumado es!»(Juan 19:30).

7) Palabras de un hijo: «Padre, EN TUS MANOS ENCOMIENDO MI ESPÍRITU» (Luc. 23:46).

La revolución que ha transformado el mundo comenzó ese viernes cuando Jesús dijo: «¡Consumado es!», *Tetelestai*.

Permíteme un tecnicismo por un momento. En el idioma original, la palabra *tetelestai* aparece en el pretérito perfecto del modo indicativo y en la voz pasiva.

¿Qué significa eso?

El tiempo pretérito perfecto indicativo habla de que el progreso de una acción ha sido completado, pero el resultado de esa acción continúa de manera permanente. En otras palabras, Cristo vino a dar Su vida como rescate por muchos. Lo que vino a hacer fue completado. Pero el efecto de lo que hizo nunca terminará.[28] Lo que hizo lo hizo a favor del pecador. Es por eso que el verbo *tetelestai* está en una voz pasiva: porque otro lo ha hecho por ti y por mí. Pero, de nuevo, el efecto de ese rescate es eterno. Nunca terminará.

Tetelestai proviene de la raíz *teleos*, que significa 'completo, llevar algo a su fin'; es el último acto que completa un proceso.[29] Juan no nos dice lo que Cristo completó, pero el resto de la revelación de Dios complementa el significado. También la manera en que la palabra fue utilizada en la antigüedad, nos ayuda a entender la idea. La expresión *tetelestai* se empleaba en diferentes circunstancias:[30]

---

28. J. E. T. Kuwornu-Adjaottor y P. Yankyera, «The Meaning and Significance of *TETELESTAI* in John 19:30» [El significado y la importancia de *TETELESTAI* en Juan 19:30], *American Journal of Academic Research*, artículo de investigación original, Vol. 1, n.º 1 (2016): A1-11.

29. Joseph H. Thayer, *The Thayer's Greek-English Lexicon of the New Testament* [Diccionario Thayer griego-inglés del Nuevo Testamento], edición n.º 11, en *tetelestai*, (Peabody: Hendrickson Publishers, 2014), 619.

30. Frank Boreham, *A Handful of Stars: Texts That Have Moved Great Minds* [Un

- **Los sirvientes o esclavos** usaban la palabra cuando terminaban una tarea que les había sido asignada por su señor. En la cruz, Jesús era el siervo que no consideró el ser igual a Dios como algo a que aferrarse. Él dejó Su gloria para convertirse en un hombre e incluso en un siervo. Cuando Él completó la tarea asignada por Su Padre, pudo entonces decir *tetelestai*.

- **Los artistas** también utilizaban la palabra *tetelestai*. Cuando un pintor o escultor terminaba su trabajo y lo inspeccionaba, decía *tetelestai* si estaba satisfecho con la obra. Ese viernes por la tarde, el tapiz que Dios había estado tejiendo desde la caída de Adán y Eva fue completado. La vida y la muerte de Jesucristo convirtieron en realidad lo que era solo una sombra en el Antiguo Testamento:

- Moisés fue un precursor del profeta perfecto que Dios enviaría: Su propio Hijo.

- Aarón fue un precursor del Sumo Sacerdote que se sentaría a la diestra del Padre para interceder por nosotros.

- David fue un precursor del verdadero, santo y benévolo Rey del universo.

En la cruz, Jesús completó el cuadro y convirtió la sombra en realidad. Ahora podía sentirse satisfecho con el tapiz que había entretejido.

- **Los sacerdotes** usaban la palabra *tetelestai* cuando inspeccionaban un cordero para el sacrificio. Si les parecía perfecto, sin defecto y sin mancha, entonces decían *tetelestai*. En la cruz, Jesús se ofreció como el cordero sin mancha, como el Cordero de Dios que quita el pecado del mundo. Cristo fue el cordero sin tacha y sin mancha de acuerdo con

---

puñado de estrellas: Textos que movieron grandes mentes] (Nueva York: The Abingdon Press, 1922), 103.

1 Pedro 1:18-19. Y fue ofrecido por el sacerdote perfecto y sin pecado. Como sacerdote, podía ver Su propia ofrenda y decir: «¡*Tetelestai*!».

- **Los comerciantes** utilizan la palabra *tetelestai* para referirse a una deuda que habían contraído, pero que finalmente lograron saldar. Desde la caída de Adán, el hombre quedó con una deuda moral que ahora tenía que pagar.[31]

Mark Johnston dice que *tetelestai* «... era el grito de logro que la creación había estado esperando desde la caída de Adán».[32] Así fue, como Pablo lo explicó en Romanos 8:22: «Pues sabemos que la creación entera a una gime y sufre dolores de parto hasta ahora».

Ese día, Cristo pagó la deuda que tú y yo teníamos pendiente ante Dios. La persona que pone su fe en Jesucristo puede ir a la cruz ahora, levantar la mano y decir:

- «Soy culpable de mentir», y escuchar a Cristo decir: «Tu deuda ha sido cancelada».
- «Soy culpable de fornicación», y oír a Cristo diciendo: «Pagado en su totalidad».
- «Soy culpable de abortar», solo para escuchar a Cristo decir: «Tu pecado ha sido borrado».
- «Soy culpable de homosexualidad», y entonces escuchar a Cristo que declara: «Tu pecado se ha vuelto blanco como la nieve».
- «Soy culpable de adulterio», y escuchar a Cristo que asegura: «Perdonado».[33]

El perdón que recibimos solo tiene una explicación: la muerte de Cristo y Su sangre derramada tan perfectamente que cuando estaba

---

31. Richard D. Phillips, *John* [Juan], Vol. 2, Reformed Expository Commentary [Comentario expositivo reformado] (Phillipsburg: P & R Publishing, 2014), 588-89.
32. *Ibid.*, 587
33. Ver Erwin Lutzer, *Cries from the Cross* [Clamores desde la cruz] (Chicago: Moddy Press, 2002), 132.

punto de morir dijo: *tetelestai*. Está terminado; todo está pagado. No debes nada.

El Salmo 22 habla de cómo Cristo fue tratado y cómo se sintió en la cruz el día en que Dios Padre dejó caer sobre Él Su justicia. El versículo 6 de este salmo dice: «Pero yo soy un gusano, y no hombre; oprobio de los hombres, y despreciado del pueblo». La palabra traducida como gusano aquí se refiere a un tipo de insecto que en hebreo se conocía como tola.

Este insecto era capaz de producir cierto tipo de tinte rojo que se usaba en la antigüedad para teñir diferentes tipos de materiales. El colorante era liberado cuando se aplastaba al insecto. Esta es una ilustración perfecta de Cristo en la cruz. Isaías 53:10 dice que en la cruz fue la voluntad del Padre aplastar al Hijo. Y cuando eso pasó, Su sangre fue derramada. Y cuando Su sangre fue derramada, fuimos «rociados» con Su sangre escarlata; y así, nuestros pecados fueron perdonados.

Henry Morris dice en su libro *The Biblical Basis for Modern Science* [El fundamento bíblico para la ciencia moderna]: «Cuando la hembra de la especie del gusano escarlata estaba lista para dar a luz a su cría, pegaba su cuerpo al tronco de un árbol, de modo tan firme y permanente que nunca más se iría de allí. Los huevos depositados bajo su cuerpo eran así protegidos hasta que las larvas eran incubadas y capaces de entrar en su propio ciclo de vida. Cuando la madre moría, el líquido carmesí manchaba su cuerpo y la madera circundante. De los cuerpos muertos de estos gusanos hembras, llamados escarlata, se extraían los tintes de color escarlata que se comercializaban en la antigüedad».[34]

Esa es una gran ilustración de Cristo en la cruz.

Ahora, habiendo cubierto todo ese terreno, tenemos que responder a dos preguntas diferentes:

a. Cuando Cristo dijo *tetelestai*, ¿qué era lo que había terminado?

b. ¿Era realmente necesaria la cruz? ¿No había otra manera de lograr la redención?

---

34. Henry Morris, *The Biblical Basis for Modern Science* [Bases bíblicas para la ciencia moderna] (Green Forest: Master Books, 1985), 73.

Respondamos a la primera pregunta: ¿qué terminó Cristo cuando dijo: «Consumado es»?

1. Jesús puso fin a los sacrificios que se habían ofrecido en Israel desde los tiempos de Moisés.

Cuando los sacerdotes entraban en el templo para ofrecer sacrificios, permanecían de pie mientras estaban sirviendo, pues no había sillas para sentarse en el templo. Eso era una señal de que los sacrificios debían continuar porque ninguno de ellos era suficiente para calmar la conciencia del pecador. Pero cuando Cristo se ofreció como sacrificio, todo cambió. Esto es lo que la Carta a los Hebreos dice en 1:3b: «Después de llevar a cabo la purificación de los pecados, se sentó a la diestra de la Majestad en las alturas». Se sentó porque no había más sacrificios que ofrecer.

2. Jesús puso fin a las profecías del Antiguo Testamento, cumplidas en Él.

La primera profecía aparece en Génesis 3:15, cuando se anunció que Satanás heriría el talón de Cristo, pero que Cristo heriría la cabeza de Satanás. *Tetelestai* proclamó la herida mortal en la cabeza de Satanás.

3. Cristo despojó a los poderes y las autoridades e hizo de ellos un espectáculo público (Col. 2:15).

Su grito de victoria resonó en todo el universo. Cristo gritó y el infierno tembló. No hay razón para temer a Satanás hoy. Es un enemigo derrotado. Recuerda: «El Hijo de Dios vino a destruir las obras del diablo», de acuerdo con 1 Juan 3:8. Cuando Jesús dijo *tetelestai*, comenzó la destrucción a gran escala de las obras del diablo.

4. En la cruz, Cristo detuvo las acusaciones de Satanás en contra de nosotros.

En Zacarías 3, vemos a Satanás acusando a Josué, el sumo sacerdote, de vestirse con ropa sucia, en referencia a sus pecados. Y leemos en el pasaje cómo el ángel del Señor estuvo junto a Josué para defenderlo de cualquier mal y para reprender a Satanás. Desde que Cristo exclamó *tetelestai*, nuestros pecados no pueden condenarnos porque nuestra deuda ha sido pagada. Romanos 8:1 da testimonio de ello: «... no hay ahora condenación para los que están en Cristo Jesús».

5. Cuando Jesús dijo *tetelestai*, puso fin al pacto de la ley.

Cristo cumplió la ley completamente y, al cumplirla, hizo la ley obsoleta de acuerdo con la Carta a los Hebreos 8:13. La ley que nos acusaba y condenaba a todos, perdió toda su fuerza. Mira cómo lo dice Colosenses 2:13-14: «Y cuando estabais muertos en vuestros delitos y en la incircuncisión de vuestra carne, os dio vida juntamente con Él, habiéndonos perdonado todos los delitos, habiendo cancelado el documento de deuda que consistía en decretos contra nosotros y que nos era adverso, y lo ha quitado de en medio, clavándolo en la cruz». Cuando Cristo murió en nuestro lugar, tomó la ley, la clavó en la cruz y la anuló.

Ciertamente fue un momento real y final. ¡Un gran final!

En ese instante, Cristo inauguró el Nuevo Pacto en Su sangre, un pacto sobre la base de la gracia y no sobre las obras de la ley.

Tetelestai no era solo un fin, sino también un comienzo. La primera evidencia de que algo nuevo, diferente y de gran alcance había comenzado fue la resurrección tres días después. En la resurrección, Jesús quitó el poder que Satanás tenía sobre nosotros por medio de la muerte. Escucha otra vez, cómo el autor de la Carta a los Hebreos lo explica en 2:14-15: «Así que, por cuanto los hijos participan de carne y sangre, Él igualmente participó también de lo mismo, para anular mediante la muerte el poder de aquel que tenía el poder de la muerte, es decir, el diablo, y librar a los que por el temor a la muerte, estaban sujetos a esclavitud durante toda la vida».

Satanás tenía el poder sobre la muerte; pero ya no más. La resurrección de Cristo le quitó ese poder. Es por eso que Pablo dice en 1 Corintios 15:55: «¿Dónde está, oh muerte, tu victoria? ¿Dónde, oh sepulcro, tu aguijón?».

Ahora, respondamos a la segunda pregunta: ¿por qué era necesaria la cruz? ¿Realmente era imprescindible una redención a través de un sacrificio tan horrendo?

Algunos han dicho que Dios podría haber reconciliado al hombre consigo mismo de muchas otras maneras porque la sabiduría de Dios es infinita. Pero sabemos que cualquier manera que Él decidiera tendría que ser perfecta.

1. La cruz de Cristo era necesaria debido a que la caída de Adán hundió la raza humana tan profundamente que heredamos una depravación radical y generalizada. Una depravación radical y completa requiere igualmente una redención radical y completa, representada por la cruz. Es la cruz la que nos ayuda a entender la gravedad de nuestro pecado.

Cuando vemos el castigo impuesto a un hombre justo que fue escupido, exhibido desnudo, golpeado, clavado y colgado, esa crueldad padecida por nuestro Salvador nos enseña sobre la severidad de nuestra transgresión contra la ley de Dios y contra Su santidad.

El predicador que deja fuera la cruz ofende la santidad de Dios.

2. La cruz de Cristo fue necesaria porque teníamos una deuda moral e infinita contra Dios que requirió un pago moral de valor infinito: la sangre del Unigénito de Dios. Adán cometió una traición cósmica contra Dios, como ha dicho R. C. Sproul en más de una ocasión.

Richard Phillips dice en su comentario sobre el Evangelio de Juan:

«El pecado es una ofensa personal al honor santo de Dios y debe recibir Su ira personal y ardiente. El pecado es una transgresión rebelde de la ley de Dios y debe ser castigado para que la justicia perfecta de Dios prevalezca. La gravedad de tu pecado es tan grande que le debes a Dios por tus pecados una deuda que no puedes pagar y al mismo tiempo no puedes ser salvo a menos que esa deuda sea pagada. La provisión llena de gracia de Dios, Su regalo salvador para ti, es la muerte expiatoria de Cristo, la cual Él, ahora, te llama a recibir por fe, entregándote al Salvador que se dio por ti».[35]

Cuando Cristo murió, Él nos compró a ti y a mí del mercado de la esclavitud, de la esclavitud del pecado. Estamos viviendo una vida rescatada. Nuestra redención se realizó en el momento de Su muerte. Nuestra obediencia debe ser una expresión de nuestra gratitud.

El pastor que no predica la cruz no tiene gratitud por lo que Cristo hizo por nosotros.

3. La cruz era necesaria para propiciar o satisfacer la ira de Dios.

La propiciación es el alejamiento de la ira por medio de una ofrenda.[36] En una época en que la gente no quiere oír hablar de un Dios con ira, es bueno recordar lo que dice Romanos 1:18: «Porque la ira de Dios se revela desde el cielo contra toda impiedad e injusticia de los hombres, que con injusticia restringen la verdad». Su ira es real

---

35. Richard D. Phillips, *John* [Juan], Vol. 2, Reformed Expository Commentary [Comentario expositivo reformado] (Phillipsburg: P & R Publishing, 2014), 582-83.
36. L. Morris, *Evangelical Dictionary of Theology* [Diccionario evangélico de teología], en *propitiation* (Grand Rapids: Baker Book House, 1984), 888.

y tuvo que ser propiciada. Muchos consideran que esto es una idea primitiva. Pero no lo es; es una idea bíblica.

El apóstol Pablo explica en Romanos 3:25 que Cristo se exhibió públicamente como propiciación por nuestros pecados. Y Hebreos 2:17 (RVR1960) nos dice que Cristo vino «para expiar los pecados del pueblo».

Como dice Richard Niebuhr en su libro *The Kingdom of God in America* [El reino de Dios en Norteamérica], el liberalismo es culpable de la predicación de «un Dios sin ira que llevó a hombres sin pecado a un reino sin juicio a través de una ministración de un Cristo sin cruz».

Quien no predica la cruz de Cristo niega la ira de Dios contra el pecado.

4. La cruz era necesaria porque el hombre fue separado, alejado de Dios (Rom. 4:18).

Éramos Sus enemigos y necesitábamos reconciliación con Dios, lo cual Cristo realizó en la cruz, como Pablo les explica a los corintios en 2 Corintios 5:19: «[A] saber, que Dios estaba en Cristo reconciliando al mundo consigo mismo, no tomando en cuenta a los hombres sus transgresiones, y nos ha encomendado a nosotros la palabra de la reconciliación».

En ese momento, Dios imputó nuestros pecados a Cristo y entonces: «Al que no conoció pecado, le hizo pecado por nosotros, para que fuéramos hechos justicia de Dios en Él» (2 Cor. 5:21).

Y pensar que «todo esto procede de Dios, quien nos reconcilió consigo mismo por medio de Cristo, y nos dio el ministerio de la reconciliación» (2 Cor. 5:18).

Nuestra reconciliación se llevó a cabo cuando Jesús dijo *tetelestai*. Y la única motivación para reconciliarnos con Él era Su amor.

El predicador que esconde la cruz esconde el amor de Dios.

5. La cruz era necesaria porque ella nos enseña el peso de la justicia de Dios.

La satisfacción de la justicia de Dios fue la razón de la expiación de Cristo. Hasta el siglo XI, «la teoría principal de la expiación en la iglesia occidental fue la teoría del rescate».[37]

Anselmo desafió esta idea a finales del siglo XI y afirmó que la deuda del hombre no era con Satanás, como se creía, sino con nuestro Dios santo, que nos dio Su santa ley. Dios había dicho que el día que peques ciertamente morirás. Anselmo desarrolló una explicación sobre la expiación que fue ofrecida en su tratado *¿Por qué Dios se hizo hombre?*, escrito en 1095.[38]

Anselmo desafió y desacreditó la teoría del rescate pagado a Satanás y estableció la base para la teoría penal y sustitutiva de la expiación. Cristo murió en nuestro lugar para satisfacer la justicia de Dios.

La ley de Dios había sido quebrantada. Dios quería perdonar al hombre, pero no violando Su justicia. Por lo tanto, Dios podía enviar a cada ser humano al infierno o hacer que Su Hijo pasara por el infierno en la tierra. Entonces, Él envió a Su Hijo.

El predicador que deja fuera la cruz oculta la santa justicia de Dios de su audiencia.

6. La cruz era necesaria porque en ella Cristo llevó nuestra culpa.

Una de las razones más frecuentes por la que las personas consultan psiquiatras, psicólogos y terapeutas es el sentimiento de culpa que llevan consigo:

---

37. Richard D. Phillips, *John* [Juan], Vol. 2, Reformed Expository Commentary [Comentario expositivo reformado] (Phillipsburg: P & R Publishing, 2014), 574.
38. Stephen Nichols, *Pages from Church History: A Guided Tour of Christian Classics* [Páginas de la historia de la Iglesia: Una visita guiada a los clásicos cristianos] (Phillipsburg: P & R Publishing, 2006), 101.

- Muchos padres tienen un gran sentido de culpa por la forma en que criaron a sus hijos cuando eran más jóvenes. Pero como no pueden deshacer el pasado, la mayoría siguen cargados de culpa.

- ¿Qué hace una mujer después de practicarse un aborto, una vez que descubre que asesinó a un bebé inocente y no puede traer a su hijo a la vida otra vez? ¿Cómo vive alguien con esa culpa?

- O el padre que piensa que es culpable del suicidio de su hijo. ¿Cómo deshace su culpa?

La única respuesta para cada una de esas circunstancias es la cruz de Cristo. Ese es el único lugar al que podemos ir y dejar allí nuestra culpa.

El predicador que no predica la cruz deja a su congregación cargada de culpa.

7. La cruz de Cristo fue necesaria para mostrar la gracia de Dios.

En última instancia, lo que movió a Dios a clavar a Su Hijo en la cruz fue Su gracia. En Su gracia, Dios quiso salvar a aquellos a quienes Él eligió. Su justicia no le exigió que salvara a la humanidad; podría haber enviado a todos al infierno y la justicia habría sido servida. Pero Su gracia lo movió a salvar a Sus elegidos. La cruz revela:

- la sabiduría de Dios,
- Su justicia,
- Su ley,
- Su misericordia,
- Su amor y
- Su gracia.

El predicador que deja fuera la cruz no da valor a la gracia de Dios.

Por todas estas razones, el apóstol Pablo dijo que su ambición era predicar a Cristo y a Él crucificado. A Pablo no le interesaba andar haciendo señales o predicando la sabiduría del hombre para rascar los oídos de su audiencia.

El predicador que deja fuera la cruz deshonra al Hijo y ofende al Padre.

Conclusión

En la época de la Reforma, Martín Lutero se sintió profundamente irritado ante la práctica de la venta de indulgencias como medio para alcanzar el perdón de pecados. La penitencia, los sacramentos, la visita a un lugar sagrado jamás darían perdón, como opinaba y opina la Iglesia de Roma. Solo el sacrificio penal y sustitutivo de Cristo puede expiar los pecados de la raza humana. Es penal porque pagó la deuda que nosotros teníamos y es sustitutivo porque Él fue a la cruz en nuestro lugar.

Cuando Cristo dijo *tetelestai*, «Consumado es»…

- se terminó;
- no había nada más que hacer;
- nada se puede agregar a un sacrificio perfecto;
- todo lo que podemos hacer es recibir la oferta de Dios para el perdón de los pecados.

Por eso se ha dicho que, en cualquier otra religión, la palabra clave es **HACER**; pero en el cristianismo la palabra clave es ¡**HECHO**!

¡Tetelestai! ¡CONSUMADO ES! ¡Qué Gran Salvador!

Preguntas

1. ¿Cuál te parece que es la parte más difícil de comprender acerca de la cruz de Cristo?

2. Ahora que entiendes la expiación de Cristo de una manera más acabada, ¿cómo explicarías el evangelio a otra persona?

3. ¿Cuál sería la forma más sensible de explicar a una católico el sacrificio de Cristo para que pueda entender la salvación por gracia, tal como la Biblia enseña?

4. ¿De qué forma, entender la cruz de Cristo nos lleva a vivir más en paz como creyentes?

5. ¿Por qué razón la ley de Moisés tenía que ser cumplida por Cristo?

CAPÍTULO 14

JESÚS Y LAS IMPLICACIONES DE SU RESURRECCIÓN

«La resurrección de nuestro divino Señor de entre los muertos es la piedra angular de la doctrina cristiana. Quizás pudiera más exactamente llamarla la clave del arco del cristianismo, pues si este hecho pudiera ser desmentido, todo el fundamento del evangelio se desplomaría».

CARLOS H. SPURGEON

Todo cristiano conoce acerca de la resurrección de Jesús, y hasta muchos que no lo son han escuchado hablar de este magno acontecimiento único en la historia. Pero pocos son los que se han detenido a meditar sobre sus implicaciones para la fe cristiana, así como para la vida personal.

La resurrección es la columna sobre la que se sostiene toda la fe cristiana. De poco hubiera valido la cruz si Cristo no hubiera resucitado. La resurrección es esencial para la vida cristiana porque es lo que le asegura al creyente que en su destino final tendrá un lugar en la presencia del Padre. Tal y como decía el apóstol Pablo: «Y si no hay resurrección de muertos, *entonces ni siquiera Cristo ha resucitado; y si Cristo no ha resucitado, vana es entonces nuestra predicación, y vana también vuestra fe*» (1 Cor. 15:13-14). Negar la resurrección de Jesús significa negar la fe, porque toda la fe cristiana descansa sobre el hecho de que Cristo no permaneció en la tumba.

Hechos históricos a favor de la resurrección

En el libro *The Risen Jesus and the Future Hope* [El Jesús resucitado y la esperanza futura], escrito por Gary Habermas, se analizan 1400 trabajos acerca de la resurrección escritos por autores tanto conservadores como liberales entre los años 1975-2003. Estos autores parecen estar de acuerdo en doce puntos que son resumidos por Norman Geisler y Frank Turek en su libro *I Don't Have Enough Faith to Be an Atheist* [No tengo suficiente fe para ser un ateo]:

1. Jesús murió crucificado.
2. Fue enterrado.
3. La tumba de Jesús fue encontrada vacía después de Su resurrección.
4. Los discípulos, los cuales con la muerte de Jesús habían perdido toda esperanza y se habían dispersado, aseguraron haberlo visto después de Su muerte.
5. Como consecuencia de estas experiencias, los discípulos fueron transformados de escépticos a proclamadores de Su muerte y resurrección.
6. Contaron experiencias en las que dicen haber interactuado con el Jesús resucitado.
7. El mensaje de la muerte y resurrección de Jesús se convirtió en el centro de la predicación de la iglesia primitiva.
8. El mensaje fue predicado en los alrededores de Jerusalén.
9. La Iglesia nació y creció como resultado de dicha predicación.
10. Con motivo de la resurrección, el día de adoración que hasta ese entonces había sido el sábado pasó a ser el domingo.
11. Santiago, el hermano de Jesús, que era uno de los grandes escépticos, se convirtió a la fe cuando «creyó» ver al Cristo resucitado.
12. Pablo el apóstol, años después, de ser perseguidor del cristianismo pasó a ser cristiano por una experiencia vivida en la que dice haber visto manifestado al Cristo resucitado.

Las evidencias de la resurrección

a) Credibilidad de los escritos del Nuevo Testamento

Tanto los Evangelios como las cartas del Nuevo Testamento fueron escritos por testigos oculares de los hechos. Estos documentos se escribieron entre unos 15 y 65 años después de la muerte de Jesús, lo que los hace más confiables que cualquier otro documento de la antigüedad. De los documentos de Platón, por ejemplo, solo tenemos copias, y esas copias datan de unos 1200 años después de su vida. Sin embargo, de los documentos del Nuevo Testamento existen alrededor de 5300 copias en griego, más de 10 000 copias en latín y unas 9300 copias en otros idiomas.[39] De los documentos de Platón no hay originales, y se tienen siete copias solamente. Por otro lado, al presente tenemos copias del Nuevo Testamento de alrededor del año 350 d.C. y fragmentos de los años 125-150 d.C. ¿Por qué se cuestionan tanto los escritos del Nuevo Testamento y no se cuestionan los demás documentos antiguos de la misma forma? La respuesta es obvia: no hay nadie más ciego que el que no quiere ver ni nadie más escéptico que el que no quiere creer.

¿Qué tan confiables son estos documentos?

Sir Lionel Luckhoo (1914-1997), considerado uno de los abogados más brillantes en la historia británica y quien figura en el libro de récords mundiales Guinness como «el abogado más exitoso del mundo», con 245 casos penales ganados consecutivamente, declaró:

> Humildemente agrego que he pasado más de 42 años como abogado defensor apareciendo en varias partes del mundo, y todavía estoy en ejercicio. He sido afortunado de asegurar un número de éxitos en juicios por jurados, y yo afirmo sin

---

39. Josh McDowell, *Evidence That demands a Verdict* [Evidencia que exige un veredicto], Vol. 1, (San Bernardino: Campus Crusade for Christ International, 1972), 40-48; *Time*, 23 de enero de 1995, 57.

temor a equivocarme que la evidencia de la resurrección de Jesucristo es tan abrumadora que nos empuja a aceptarla debido a las pruebas, las cuales no dejan posibilidad alguna para la duda.[40]

Este hombre testifica haber usado el mismo método histórico legal, para analizar el caso de Cristo, que el método utilizado para sus casos penales. Este reconocido abogado comenzó este estudio para probar la no veracidad de la historia de la resurrección y, sin embargo, quedó convencido por el peso de la evidencia.

b) La tumba vacía

La tumba vacía continúa siendo una de las evidencias más fuertes a favor de la resurrección. Veamos las siguientes observaciones:

- Los judíos aceptaron que la tumba estaba vacía porque nunca pudieron presentar Su cuerpo como prueba de lo contrario. Cuando los opositores de una persona aceptan como bueno y válido lo que su contrario dice, eso tiene peso.
- Los líderes judíos, para justificar la desaparición del cuerpo de Jesús, dijeron que los discípulos lo habían robado (Mat. 28:11-15). Pero los únicos con posibilidad de haberlo hecho eran ellos mismos, y de ser así la desaparición del cuerpo podía alimentar el argumento de la resurrección, lo que no les convenía. Por lo tanto, ese postulado queda descartado.
- Siendo el ser humano un idólatra por naturaleza, probado por las tradiciones, ¿cómo es que la tumba no se convirtió en santuario de los seguidores de Jesús?
- Las primeras testigos de la tumba vacía fueron las mujeres (Mat. 28:1-10; Mar. 16:1-10; Luc. 24:11; Juan 20:1-18). Según el

---

40. Sir Lionel Luckhoo, *The Question Answered: Did Jesus Rise from the Dead?* [La pregunta respondida: ¿Resucitó Jesús?], Luckhoo Booklets, página final. http://www.hawaiichristiansonline.com/sir_lionel.html.

historiador judío Josefo,[41] en el primer siglo las mujeres eran tenidas en muy poca estima y no podían ni siquiera testificar en un tribunal porque no tenían credibilidad. Si la «tumba vacía» era un invento, ¿por qué poner a las mujeres como los primeros testigos y creer lo que ellas aseguraban haber visto?

c) El testimonio de los soldados romanos

El análisis del testimonio de los soldados romanos nos lleva de nuevo a la conclusión de que verdaderamente la tumba fue encontrada vacía. Y sobre este testimonio queremos hacer dos observaciones:

- Los líderes judíos trataron de sobornar a los guardias romanos para que dijeran que habían robado el cuerpo mientras ellos dormían. Pero a pesar de ello, no mintieron, sino que relataron el hecho tal como aconteció (Mat. 28:11). Si los soldados se durmieron, como quisieron señalar los líderes judíos, ¿cómo sabían que habían robado el cuerpo si no presenciaron el robo? Y si estaban despiertos, ¿cómo lo permitieron a sabiendas de que eso podía costarles la vida?
- Las estrictas medidas de seguridad habrían impedido a los discípulos robar el cuerpo. Habrían impedido, además, que Jesús saliera de forma natural. ¿Cómo podían unos soldados armados y en estado de alerta ser vencidos por un puñado de personas temerosas y desesperanzadas?

d) El testimonio de los testigos oculares

En el tribunal, el mejor testigo es un testigo ocular, y de estos el Cristo resucitado tuvo cientos como vemos más abajo.

- Jesús hizo de 10 a 12 apariciones en un período de 40 días después de Su resurrección (Mat. 28:1-10; Luc. 24:13-32; Juan 20:19-31; 21:1-23; Hech. 1:3-8; 1 Cor. 15:6-7).
- En una ocasión fue visto por más de 500 testigos oculares (1 Cor. 15:5-8).

---

41. Josefo, *Antigüedades*, 4.8.15.

- Si Tomás, Santiago el hermano de Jesús, y Pablo, quienes no creyeron en Jesús inicialmente, no tuvieron un encuentro real con el Cristo resucitado, ¿cómo se explica en ellos un cambio de actitud tan radical, tiempo después de Su muerte?
- Los testigos estuvieron dispuestos a morir por la verdad de la resurrección. Algo común en los que mueren por una causa es que creen en aquello por lo que mueren. Nadie está dispuesto a morir por algo de lo que no está convencido. Su decisión de morir por la causa es el mejor testimonio de que estaban convencidos de haber visto al Cristo resucitado.
- El escepticismo que se ve en los discípulos ante el testimonio de las mujeres desaparece ante el temor y el asombro cuando Cristo se les hace presente (Juan 20).

Tres aspectos para considerar acerca del Cristo resucitado

I) El Cristo que vino lleno de gracia es el mismo que hoy continúa lleno de gracia

Esto está mejor ilustrado en los encuentros que Jesús tuvo con Sus discípulos después de la resurrección, con tres individuos:

- María Magdalena, que durante su vida había estado poseída por siete demonios, fue la primera que vio a Jesús después de Su resurrección (Mat. 28:1-10; Luc. 24:1-10; Juan 20:11-18); su pasado no le impidió el privilegio de la gracia.
- María Magdalena, cuando va al sepulcro en compañía de María, la madre de Jacobo y Salomé, recibe de parte de un ángel este mensaje: «Pero id, decid a los discípulos y a Pedro...» (Mar. 16-7). Este ángel enviado por Dios a dar el mensaje no solo se refiere a los discípulos en general, sino que especifica «y a Pedro». ¿Por qué? Jesús quería que Pedro entendiera que a pesar de su negación, Él no lo había rechazado. Jesús lo había perdonado y estaba dispuesto a restituirlo.

- A Tomás, quien ante el anuncio de los apóstoles rehusó creer que Jesús había resucitado, Cristo se le aparece y le ofrece la evidencia de Su cuerpo presente y de Sus heridas para que pueda ser convencido (Juan 20:24-28).

II) El cuerpo glorificado del Cristo resucitado

- Como segunda persona de la Trinidad, la encarnación afectó a Jesús de tal forma que, en adelante, Él tendría un cuerpo físico, algo que no había tenido nunca antes.
- Después de Su resurrección, Él continuó teniendo un cuerpo físico y lo tendrá para el resto de la eternidad (Luc. 24:39-43).
- Después de Su ascensión no solo tiene un cuerpo físico, sino un cuerpo glorificado.
- Su cuerpo glorificado no tiene limitación de espacio físico (Juan 20:19,26).
- El Cristo glorificado ha recobrado toda Su gloria (Apoc. 1:12-18). Al encarnarse se despojó de Su gloria (Fil. 2:5-6), pero al resucitar lo hizo en todo su esplendor y majestad (Apoc. 1:12-18).
- El Cristo resucitado volverá a juzgar a todas las naciones (Apoc. 19:11-16).

III) El ministerio actual y futuro de Jesús

- Jesucristo es la cabeza de la Iglesia y, como tal, la dirige. La Iglesia es el cuerpo de Cristo (Col. 1:18).
- Él es quien sustenta y nutre a la Iglesia (Ef. 5:29-30).
- Se encuentra a la derecha del Padre intercediendo por los creyentes (Hech. 7:25; Rom. 8:34).
- Resucitará a los muertos al final de los tiempos. Todos oiremos Su voz (Juan 5:28).
- Recompensará a Su pueblo (1 Cor. 4:5).
- Gobernará el mundo cuando todo esté cumplido (Apoc. 19:15).

NUESTRA ESPERANZA: «[P]orque yo vivo, vosotros también viviréis» (Juan 14:19).

Conclusión

- Si aquel que dijo dar vida no la tiene porque ya murió, entonces la promesa de vida eterna para nosotros no tendría en qué sustentarse: «… vana es entonces nuestra predicación, y vana también vuestra fe» (1 Cor. 15:14).
- La resurrección es la evidencia de que Dios Padre aceptó el sacrificio del Hijo en pago por nuestros pecados. La resurrección es el amén del Padre al sacrificio del Hijo. Si no hubiese ocurrido así, todavía estaríamos en nuestros delitos y pecados (1 Cor. 15:17).
- Si Cristo no resucitó es un mentiroso, y Su Palabra falsa. En consecuencia, no es el Mesías y no puede salvarnos de la condenación eterna.
- Si no resucitó no está en la presencia de Dios, por lo que no tenemos abogado que nos justifique ante Dios. Pero en 1 Juan 2:1 leemos que: «… Abogado tenemos para con el Padre, a Jesucristo el justo».

Preguntas

1. Enumera algunos de los puntos principales sobre los cuales han podido estar de acuerdo muchos de los autores que han escrito acerca de la persona de Jesús.

2. Cita algunos de los hechos históricos que hablan a favor de la resurrección.

3. ¿Por qué han tenido los críticos un interés tan marcado en probar la no veracidad de la resurrección de Jesús?

4. ¿Cuál es la evidencia más fuerte a favor de la resurrección? Explica por qué.

5. ¿Qué implicaciones prácticas para tu vida tiene la resurrección de Cristo?

CAPÍTULO 15

JESÚS COMO PERSONAJE ÚNICO EN LA HISTORIA

«Él es absolutamente único en la historia; en enseñanza, en ejemplo, en carácter, una excepción, una maravilla y es en sí mismo la evidencia del cristianismo».

ARTHUR T. PIERSON

A través de los años, muchos líderes religiosos han pasado por esta tierra, pero ninguno tuvo las condiciones que Cristo tuvo para ser considerado como único en toda la historia. Cristo fue único en el tiempo, único en Su naturaleza, único en Su nacimiento, único en Su esencia (santidad), único en autoridad, único en Su muerte y resurrección, y único en Su rol de mediador. Por eso impactó a la humanidad y Su efecto continúa sintiéndose en toda la tierra aún después de casi 2000 años de Su muerte.

Jesús fue único en el tiempo

Jesús es único en Su existencia porque la Palabra afirma que Él ha existido desde toda la eternidad.

Juan 1:1: «En el principio existía el Verbo, y el Verbo estaba con Dios, y el Verbo era Dios».

Apocalipsis 1:8: «Yo soy el Alfa y la Omega —dice el Señor

Dios— el que es y que era y que ha de venir, el Todopoderoso» (ver también Apoc. 21:6; 22:13).

La eternidad es una característica intrínseca de Dios, el Creador de todo cuanto existe. La Palabra de Dios afirma de múltiples maneras la eternidad de la persona de Jesús, algo que de ningún otro líder religioso ha proclamado. Los interesados en negar la divinidad de Jesús lo han presentado como una criatura y obviamente toda criatura ha debido tener un comienzo y toda persona que haya tenido un comienzo no puede ser Dios, por definición. Tanto los Testigos de Jehová como los mormones no creen en Cristo como Dios porque lo ven como un ser creado, y por lo tanto contradicen una de las doctrinas fundamentales de la fe cristiana.

Jesús fue único en Su naturaleza

La Palabra de Dios afirma que el Verbo (Cristo) se hizo carne y habitó entre nosotros (Juan 1:14), y afirma también que aquel que era igual a Dios no consideró su igualdad con Dios como algo a que aferrarse, sino que se despojó de Su gloria y se hizo hombre (Fil. 2:6-8), permaneciendo 100 % hombre y 100 % Dios. Durante Su vida exhibió características humanas y atributos divinos. Nunca nadie ha oído algo semejante fuera de la persona de Jesús… un hombre con una naturaleza humana y una divina.

Jesús fue único en Su nacimiento

Ya en el Antiguo Testamento se había profetizado que una virgen concebiría. Isaías 7:14 dice lo siguiente: «Por tanto, el Señor mismo os dará una señal: He aquí, una virgen concebirá y dará a luz un hijo, y le pondrá por nombre Emmanuel».

Esta profecía se ve confirmada en el Nuevo Testamento en Mateo 1:23 y más ampliamente explicada en el capítulo 1 de Lucas. El nacimiento mismo de Cristo fue un milagro, y es por eso que Isaías habla de que el pueblo recibiría una señal. Una señal, desde el punto de vista bíblico, es un símbolo que trata de confirmar que lo que estamos presenciando es obra de Dios y no del hombre.

Jesús fue único en Su vida de santidad

Su vida fue sin pecado, como afirma 2 Corintios 5:21: «Al que no conoció pecado, le hizo pecado por nosotros, para que fuéramos hechos justicia de Dios en Él». Cristo nació sin pecado, vivió sin pecado y murió sin pecado, algo que ningún otro ser humano ha podido hacer.

Al decir que vivió sin pecado estamos afirmando implícitamente que Jesús cumplió a cabalidad la ley dada al pueblo judío, y al cumplir con la ley por completo llenó los requisitos para calificar como la persona que pudo ir a la cruz en nuestro lugar. A través de Su vida perfecta, Cristo acumuló los méritos necesarios para garantizar nuestra salvación.

Jesús fue único en autoridad

El sentido de autoridad de Jesús provenía precisamente de quién Él era. Jesús no solo fue un maestro, sino que Él era la persona hacia quien apuntaban Sus enseñanzas. Su autoridad no fue impuesta, sino sentida de forma natural.

En Mateo 28:18 leemos lo siguiente: «Y acercándose Jesús, les habló, diciendo: Toda autoridad me ha sido dada en el cielo y en la tierra». Tanto en hechos como en palabras, Jesús exhibió una autoridad nunca antes vista, como mencionamos anteriormente y como vemos en el siguiente pasaje:

Marcos 1:22,27: «Y se admiraban de su enseñanza; porque les enseñaba como quien tiene autoridad, y no como los escribas. [...] Y todos se asombraron de tal manera que discutían entre sí, diciendo: ¿Qué es esto? ¡Una enseñanza nueva con autoridad! Él manda aun a los espíritus inmundos y le obedecen».

Su autoridad se extendió más allá de lo que fueron Sus enseñanzas:

- **Declaró tener autoridad para perdonar pecados.**

Marcos 2:10: «Pues para que sepáis que el Hijo del Hombre tiene autoridad en la tierra para perdonar pecados (dijo al paralítico)». Esta potestad solo puede ser ejercida por Dios. El hecho de que Él perdonara pecados irritó a muchos de los judíos porque ellos entendían que solo Dios puede hacer esto y, haciéndolo, Él se hacía pasar por Dios.

- **Demostró tener autoridad para expulsar demonios.**

Lucas 4:36: «Y todos se quedaron asombrados, y discutían entre sí, diciendo: ¿Qué mensaje es éste? Porque con autoridad y poder manda a los espíritus inmundos y salen». No hay un solo caso donde los demonios se hayan resistido a Su autoridad. Los demonios reconocían Su señorío, como vemos en el siguiente texto.

Mateo 8:29-32: «Y gritaron, diciendo: ¿Qué tenemos que ver contigo, Hijo de Dios? ¿Has venido aquí para atormentarnos antes del tiempo? A cierta distancia de ellos había una piara de muchos cerdos paciendo; y los demonios le rogaban, diciendo: Si vas a echarnos fuera, mándanos a la piara de cerdos. Entonces Él les dijo: ¡Id! Y ellos salieron y entraron en los cerdos; y he aquí que la piara entera se precipitó por un despeñadero al mar, y perecieron en las aguas».

Otros han podido expulsar demonios, pero de ninguno han estado estos demonios atemorizados como lo estuvieron frente a Jesús. Y a ninguno le reconocieron la autoridad que ellos reconocieron en Cristo.

- **Vino con autoridad para juzgar lo bueno y lo malo, los que reciben salvación y los que van a condenación.**

Juan 5:22: «Porque ni aun el Padre juzga a nadie, sino que todo juicio se lo ha confiado al Hijo».

Juan 5:27: «[Y] le dio autoridad para ejecutar juicio, porque es el Hijo del Hombre».

La Palabra afirma que todos compareceremos ante el tribunal

de Cristo para rendir cuenta de lo hecho por nosotros aquí en la tierra (2 Cor. 5:10). Para aquellos que lo hemos recibido, Él es el juez, pero es a la vez nuestro abogado defensor (Rom. 8:1; 1 Jn. 2:1), algo insólito en un tribunal que el juez y el abogado defensor sean la misma persona. Si el juez está por nosotros, nadie podrá estar contra nosotros.

- **Demostró tener autoridad sobre la vida y la muerte.**

Juan 10:18: «Nadie me la quita (la vida), sino que yo la doy de mi propia voluntad. Tengo autoridad para darla, y tengo autoridad para tomarla de nuevo. Este mandamiento recibí de mi Padre». La resurrección de Lázaro y luego la Suya misma son la mejor evidencia de que Cristo verdaderamente tenía poder sobre la muerte y la vida. Por eso pudo decir: «Yo soy el camino, y la verdad, y la vida…» (Juan 14:6).

- **Vino con autoridad para dar vida eterna a aquellos que el Padre le dio.**

Juan 17:2: «[P]or cuanto le diste autoridad sobre todo ser humano para que dé vida eterna a todos los que tú le has dado». Jesús determina dónde pasaré la eternidad: en la presencia de Dios o separado de Él. Nadie más ha podido decir una cosa semejante.

Jesús fue único en Su muerte

Llegó hasta la muerte sin haber pecado y en la cruz cargó con los pecados de toda la humanidad, después de haber sido rechazado y burlado, y murió diciendo: «Padre perdónalos porque no saben lo que hacen». Nadie ha declarado haber muerto por los pecados de otros y nadie ha calificado para morir en lugar de otro… solo Jesús.

2 Corintios 5:21: «Al que no conoció pecado, le hizo pecado por nosotros, para que fuéramos hechos justicia de Dios en Él».

1 Pedro 2:24: «[Y] Él mismo llevó nuestros pecados en su cuerpo sobre la cruz, a fin de que muramos al pecado y vivamos a la justicia, porque por sus heridas fuisteis sanados».

Jesús fue único en Su resurrección

La evidencia histórica de la resurrección de Jesús ya ha sido discutida en un capítulo anterior, pero queremos enfatizar que al resucitar Jesús probó Su singularidad de forma extraordinaria. Nadie más ha declarado, ni mucho menos probado, Su resurrección. El testimonio de la iglesia primitiva es abrumador. En 1 Corintios 15:6 dice: «[L]uego se apareció a más de quinientos hermanos a la vez, la mayoría de los cuales viven aún, pero algunos ya duermen». Muchos murieron por no negar algo que habían visto. Después de 2000 años, la tumba vacía continúa transformando vidas.

Jesús fue único en Su rol de mediador

A pesar de que muchos han profesado ser mediadores de los dioses y otros rinden culto a supuestos mediadores entre Dios Padre y el hombre, solo Jesús ha calificado para ser mediador. Esto lo atestigua la misma Palabra.

1 Timoteo 2:5: «Porque hay un solo Dios, y también un solo mediador entre Dios y los hombres, Cristo Jesús hombre».

Esta es la razón por la que Jesús nos instruyó a orar en Su nombre.

Todo lo dicho anteriormente hace de Jesús una persona incomparable y única. Nadie ha cambiado el mundo y el rumbo de la civilización como Él lo hizo. En eso, también es singular. Jesús ha sido singular en todo... como hombre, como siervo, como profeta, como sacerdote, como rey, como maestro, como líder religioso, como mediador entre Dios y el hombre, y como personaje de la historia. Su vida impactó la humanidad de tal forma que aún hoy se habla de antes de Cristo y después de Cristo.

Bien dice la Palabra en **Filipenses 2:9-11**: «Por lo cual Dios también le exaltó hasta lo sumo, y le confirió el nombre que es sobre todo nombre, para que al nombre de Jesús SE DOBLE TODA RODILLA de los que están en el cielo, y en la tierra, y debajo de la tierra, y toda lengua confiese que Jesucristo es Señor, para gloria de Dios Padre». Su señorío se extiende sobre el creyente, sobre el incrédulo, sobre los ángeles, sobre los demonios e incluso sobre la naturaleza.

Colosenses 1:15-17 establece:

- Que Él es el primogénito (significa 'preeminencia' en griego) sobre toda la creación.
- Que todas las cosas fueron creadas por Él.
- Que todas las cosas tienen su **consistencia** en Él.

Conclusión

De forma indirecta, hasta otros líderes religiosos y fundadores de otras religiones han puesto de manifiesto la singularidad del personaje de Jesús. Consideremos las siguientes afirmaciones:

Mahoma dijo: «Si Dios no tiene misericordia de mí no tengo esperanza».

Jesús dijo: «A menos que creas en mí, morirás en tus pecados».

Confucio dijo: «Nunca dije que yo era santo».

Jesús dijo: «¿Quién me acusa de pecado?».

Buda dijo: «Soy alguien en busca de la verdad».

Jesús dijo: «Yo soy la Verdad».

Buda nunca dijo ser Dios. Moisés nunca dijo ser Jehová. Mahoma nunca dijo ser Alá. Pero Jesús dijo ser el verdadero Dios viviente. Por eso creemos y seguimos a Jesús y no a otros «dioses».

Preguntas

1. Cita algunas condiciones que Cristo llenó para ser considerado como único en toda la historia.

2. La autoridad demostrada por Jesús fue única. Explica por qué.

3. Muchos son los que aceptan la existencia de otros mediadores entre Dios y el hombre. Menciona qué versículo de la Biblia se opone de manera clara a esta idea y declara a Cristo único como mediador.

4. En este capítulo aparecen tres frases de tres personajes famosos: Buda, Mahoma y Confucio. Compara estas frases con las afirmaciones que Jesús hizo de sí mismo.

5. Investiga sobre los efectos que ha tenido el personaje de Jesús en los últimos 2000 años y menciona 3 o 4 de los más importantes.

PARTE III

CAPÍTULO 16

JESÚS FRENTE A LA TENTACIÓN

Cristo se dejó tentar por Satanás no solo para ser nuestro mediador en medio de la tentación, sino también para dejarnos un ejemplo

AGUSTÍN DE HIPONA

El Evangelio de Marcos trae la versión más resumida de la tentación de Jesús en el desierto. En apenas dos versículos, este Evangelio narra lo que Mateo y Lucas describen de una forma mucho más detallada. Este es el texto de Marcos 1:12-13:

Enseguida el Espíritu le impulsó a ir al desierto. Y estuvo en el desierto cuarenta días, siendo tentado por Satanás; y estaba entre las fieras, y los ángeles le servían.

La palabra *enseguida* con la que comienza esta narración, conecta el bautismo de Jesús en el Jordán por parte de Juan el Bautista con Su tentación en el desierto. Inmediatamente después de que Jesús oyó la voz de Su Padre diciendo al momento de Su bautismo: *Tú eres mi Hijo amado, en ti me he complacido*, Él fue llevado al desierto. Marcos nos permite comprender que Jesús no fue simplemente llevado al desierto, sino que fue impulsado al desierto. En el original, la palabra que se traduce como «impulsó» en este texto, es la misma que Marcos usa en el versículo 34 cuando habla que Jesús expulsaba los demonios. De manera que el evangelista parece insinuar que el Espíritu no solo le sugirió o lo invitó a pasar al desierto para una primera prueba, sino que el Espíritu «lo empujó» (en griego, *ekballein*). Sin embargo, con esto no queremos decir que el Espíritu tuvo que hacerlo de esta manera porque Jesús se resistió; sino que la manera como Jesús fue llevado fue tal que respondía a un plan divino, en un momento en particular, por una razón especial.

El mismo Espíritu que lo ungió fue el Espíritu que lo llevó para ser tentado por Satanás. El Espíritu no lo tentó, sino que Jesús fue llevado para ser tentado por otro, cuyo nombre es Satanás. Creo que es bueno preguntarnos ¿por qué en ese momento y no antes, o después? Antes de este momento, Jesús ni siquiera había comenzado Su ministerio; por lo tanto, el plan de redención a través de la cruz no había representado aún ninguna amenaza para Satanás; pero ahora sí. Por otro lado, Jesús acababa de escuchar la aprobación del Padre sobre Su vida: *Tú eres mi Hijo amado, en ti me he complacido*, y la unción del Espíritu acababa de acontecer. Jesús estaba listo para la batalla, para resistir y para comenzar Su ministerio.

Las tentaciones de Satanás sobre la raza humana

Russell D. Moore, en su libro *Tempted and Tried* [Tentado y probado], nos dice que «la tentación es tan fuerte, porque al final, la tentación no tiene que ver con nosotros en el último caso, sino que es un asalto de los poderes de las tinieblas contra el imperio rival del Mesías».[42] Y si eso es cierto de nosotros, lo fue mucho más en el caso de Jesús. Si el Hijo de Dios hubiese convertido media piedra en pan para comer, toda la redención del hombre habría fracasado y la humanidad entera habría terminado en el infierno. Tu salvación y la mía, en un momento dado, dependieron, por así decirlo, de un bocado de

---

42. Russell Moore, *Tempted and Tried* [Tentado y aprobado], (Wheaton: Crossway, 2011), 21

pan, de la misma manera que en el Edén nuestra salvación se echó a perder con una mordida. Adán echó a perder la humanidad con una mordida de una fruta. ¿Puedes imaginar que el futuro de toda la raza humana pudiera depender de que Adán y Eva mordieran una simple fruta? ¿Cómo es posible? La realidad es que nada es tan simple como parece. Detrás de la mordida de la fruta había otra dimensión espiritual monumental. En última instancia, el problema no era la fruta, sino la falta de confianza en la Palabra de Dios. Dios le había hablado a Adán y ahora Adán no le había creído, sino que prefería confiar en las palabras de la serpiente porque estaban más en consonancia con los deseos del hombre. La mordida de la fruta no fue más que un grito de independencia de parte de la criatura.

Satanás siempre les ha vendido a las personas sus tentaciones envueltas en papel de regalo, y a menudo usó necesidades básicas del ser humano para tentarlo. Al comer, Adán comprometió el futuro de toda la raza humana. Esaú vendió su primogenitura por un guiso cuando tuvo hambre. ¿Tú piensas que Esaú nunca había probado un guiso, o que no habría tenido la oportunidad de hacer otro una o dos horas más tarde? ¡Claro que sí! Pero esta vez no quiso esperar.

- Adán no le creyó a Dios y comió, por eso fracasó en medio de la abundancia;
- Esaú no esperó en Dios y fracasó también en la abundancia;
- Israel fracasó ante las carencias del desierto.

La pregunta es si Cristo lo haría. Ahora el segundo Adán también está siendo probado por medio del estómago. Satanás usa nuestras necesidades muchas veces legítimas para tentarnos; el apetito de la carne prueba la fidelidad del corazón. Dios lo sabe y por eso le dijo al pueblo de Israel en Deuteronomio 8:3, al final de los 40 años en el desierto:

> *Y te humilló, y te dejó tener hambre, y te alimentó con el maná que no conocías, ni tus padres habían conocido, para hacerte entender que el hombre no sólo vive de pan, sino que vive de todo lo que procede de la boca del SEÑOR.*

Los apetitos de la carne fueron creados por Dios para llevarnos a satisfacer necesidades propias de los seres humanos, como dice Moore en su libro citado más arriba. Dios desea que todas las áreas de nuestro ser estén bajo Su señorío. Incluyendo aquellas que son tan básicas como la alimentación. No es por accidente que el apóstol Pablo nos dijera en 1 Corintios 10:31: ... *ya sea que comáis, que bebáis, o que hagáis cualquier otra cosa, hacedlo todo para la gloria de Dios.* Pero el hombre se rebela contra esos propósitos.

La rebelión nos lleva a dejar esos apetitos sin frenos porque se sirve a sí misma; pero la obediencia sirve a Dios.

Israel estuvo en el desierto durante 40 años; Moisés estuvo en el desierto, en el Monte Sinaí durante 40 días; Elías ayunó 40 días y 40 noches hasta llegar al Monte Horeb; pero «en cada caso, el desierto fue

• un terreno de prueba,
• una prueba de fidelidad y
• una promesa de liberación».[43]

En la historia de Israel, el desierto siempre tuvo un simbolismo especial. En el A.T., la bendición con frecuencia estaba asociada con un lugar habitado y cultivado, en tanto que el desierto se asociaba con la maldición.[44]

La controversia sobre las tentaciones de Jesús

En aquel lugar, Jesús fue tentado durante 40 días. La tentación de Jesús dio lugar a mucho debate. Y el debate siempre giró en torno a la pregunta de si Jesús podía o no pecar. Algunos dicen que si Jesús no podía pecar en Su condición de Dios, las tentaciones de Jesús en

43. James Edwards, *The Gospel according to Mark* [El Evangelio según Marcos] (Grand Rapids: William B. Eerdmans Publishing Co., 2002), 41
44. William Lane, *The Gospel of Mark, The New International Commentary on the New Testament* [El Evangelio de Marcos, El Nuevo Comentario Internacional del Nuevo Testamento] (Grand Rapids: William B. Eerdmans Publishing Co., 1974), 61

el desierto no fueron reales. Esas personas articulan su argumento de esta manera:

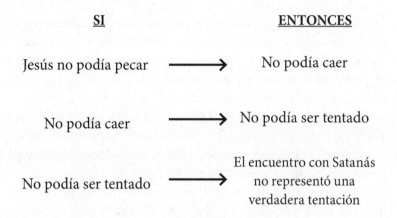

SI		ENTONCES
Jesús no podía pecar	⟶	No podía caer
No podía caer	⟶	No podía ser tentado
No podía ser tentado	⟶	El encuentro con Satanás no representó una verdadera tentación

Pero esta línea de razonamiento no es correcta. Permíteme una pequeña discusión teológica por un momento. Establezcamos primero lo que la Biblia dice con claridad para hablar luego de aquello que no parece estar tan claro. Comencemos con Hebreos 4:15 que dice:

> *Porque no tenemos un sumo sacerdote que no pueda compadecerse de nuestras flaquezas, sino uno que ha sido tentado en todo como nosotros, pero sin pecado.*

La Palabra de Dios claramente establece que Cristo fue tentado, como acabamos de leer. El interrogante sería cómo respondemos a la pregunta de si Dios puede ser tentado o no y si las tentaciones de Cristo fueron reales o no. Ya vimos lo que dice el autor de Hebreos: Cristo fue «tentado en todo». Veamos ahora lo que dice el autor de Santiago en 1:13:

> *Que nadie diga cuando es tentado: Soy tentado por Dios; porque Dios no puede ser tentado por el mal y El mismo no tienta a nadie.*

Entonces, si Dios no puede ser tentado, ¿Jesús fue tentado en Su condición de Dios, o no fue tentado? No podemos olvidar que Jesús tuvo dos naturalezas: una divina y una humana.

Por lo tanto, la naturaleza humana tenía una voluntad, y la naturaleza divina tenía otra. La mejor explicación a este dilema tiene que ver con que Su naturaleza humana con Sus necesidades y deseos, fue tentada en la persona de Jesús; sin embargo, Su naturaleza divina no lo fue. Ante el deseo de ambas voluntades, la humana, y la divina, la divina prevaleció sobre la humana porque la voluntad humana de Jesús estuvo siempre supeditada a la voluntad divina. Y es evidente que la voluntad humana nunca se podrá imponer sobre la divina. Por lo tanto, Jesús fue tentado, pero en Su tentación, le era imposible pecar por ser Dios.

Algo que sí está claro es que Dios permitió y, más que permitió, orquestó la tentación de Jesús al llevarlo al desierto para ser acosado por Satanás. Los teólogos han estado de acuerdo con esto desde Agustín hasta nuestros días. Como citamos más arriba, Agustín decía que «Cristo se dejó tentar por Satanás no solo para ser nuestro mediador en medio de la tentación, sino también para dejarnos un ejemplo».[45] Tomás de Aquino en su Suma Teológica, lo expresó de esta manera: «Si Cristo se dejó tentar, fue porque Él entendía que debía dejarse tentar».[46] Dicho de otra manera, si el Espíritu Santo lo llevó al desierto para ser tentado por Satanás, algún propósito divino tendría.

Las tentaciones de Jesús en el desierto

La sumisión en el Jordán a la voluntad del Padre, llevó a Jesús a enfrentar todo lo demás que implicaba vivir sujeto a los planes de Dios. En este caso, la sumisión a la voluntad divina lo llevaría a enfrentarse con la cabeza del reino de las tinieblas; la batalla final se daría en la cruz, entre los máximos representantes del reino de la luz y el reino de las tinieblas. De hecho, la palabra «Satanás» significa adversario. El

---

45. Tomás de Aquino, *Suma Teológica*, pregunta 41, artículo 1, tercera respuesta a las objeciones.
46. *Ibid,*, artículo 1, primera respuesta a las objeciones.

adversario de Dios por excelencia es Satanás; él es Su archienemigo. La pregunta es, ¿cuál sería el propósito de las tentaciones de Jesús? Veamos las tentaciones primero, y luego hablaremos de cuál o cuáles podrían ser sus propósitos.

En el desierto, Satanás tienta a Jesús en tres ocasiones diferentes, según nos dicen Mateo y Lucas en sus Evangelios, y cada tentación comienza diciendo: *Si eres el Hijo de Dios*, haz esto o aquello. De ese modo, Satanás ponía en entredicho la veracidad de la Palabra de Dios. Jesús acababa de oír en el Jordán, antes de ir al desierto: *Tú eres mi hijo amado en quien tengo complacencia* y ahora, Satanás le susurra: *si eres el Hijo de Dios*, poniendo en cuestionamiento lo revelado por Dios. Lo mismo que hizo en el Edén cuando se acercó a Eva y le dijo: *Con que Dios ha dicho*, poniendo en entredicho lo que Dios había revelado.

La primera vez, el desafío para Jesús consistió en convertir las piedras en pan, lo cual tuvo lugar al final de 40 días, cuando Su naturaleza humana comenzó a sentir hambre. La pregunta sería si Jesús usaría un medio ilegítimo para satisfacer una necesidad legítima. El hambre era una necesidad legítima; convertir las piedras en pan, sería una forma ilegítima de hacerlo. Lamentablemente es ahí donde muchas veces flaqueamos, porque tenemos necesidades humanas legítimas, pero la pregunta es si vamos a esperar en Dios hasta que Él llene esa necesidad, o nos dé la gracia para sobrellevarla. Jesús respondió: «… Escrito está: "No solo de pan vivirá el hombre, sino de toda palabra que sale de la boca de Dios"» (Mat. 4:4). Jesús podía estar físicamente muy hambriento, pero espiritualmente estaba satisfecho porque acababa de ser ungido por el Espíritu Santo. El problema se nos presenta cuando estamos llenos físicamente, pero hambrientos espiritualmente. Jesús hizo uso de la Palabra para reprender a Satanás, mostrando así el poder de la Palabra de Dios y dejándonos un ejemplo para nuestra guerra espiritual.

Luego, Satanás lo llevó al pináculo y lo tentó diciendo: «… Si eres Hijo de Dios, lánzate abajo, pues escrito está: "A sus ángeles te encomendara", y: "En las manos te llevaran, no sea que tu pie tropiece en piedra"» (Mat. 4:6). ¿Usaría Jesús Su condición de Hijo para Su propio beneficio? Jesús no lo hizo en esta ocasión, ni lo hizo en ninguna otra. Su amor por el Padre como Hijo lo sujetó continuamente a Su voluntad.

Por último, Satanás le ofreció a Jesús todos los reinos de este mundo si se postraba a sus pies. Podía tenerlos en ese mismo instante. Esta tentación se proponía ver si Jesús cedería ante la prueba tomando un atajo por no querer esperar. ¿Adoraría Jesús a otro por la facilidad y rapidez con que podía obtener lo que de cualquier manera sería Suyo? Todos los reinos de este mundo serían ofrecidos a Jesús por el Padre después de Su muerte y resurrección, pero Satanás pensó que Jesús era como nosotros, que queremos las cosas que queremos, cuando las queremos y cómo las queremos.

Lo que las tentaciones de Jesús me enseñan

Quizás sea bueno detenernos aquí y hacernos algunas preguntas de introspección:

- ¿Alguna vez usaste tu posición de autoridad para obtener algún beneficio personal, aunque no debías hacerlo?
- ¿Cómo está tu hambre espiritual? ¿De qué tienes ansias? ¿De qué estás lleno?
- ¿Alguna vez satisficiste una necesidad genuina, pero de una forma no genuina?
- ¿Cuáles fueron los resultados de esa decisión?
- ¿Alguna vez tomaste un atajo para conseguir algo cuando debiste de haber usado otro camino más largo, pero más santo?

En el desierto, Cristo probó Su fidelidad a Su Padre. El Padre se complació en el Hijo y el Hijo en el Padre. En el desierto, Jesús probó Su perfección al no pecar aun cuando fue tentado por el mayor de los tentadores. En el desierto, Jesús anunció Su triunfo; fue como un anuncio introductorio de la victoria de la cruz.

Pero no olvidemos el texto de Hebreos que leímos antes, el cual dice que nuestro Sumo Sacerdote puede compadecerse de nosotros porque fue tentado en todo como nosotros lo somos. Por eso, Jesús en el desierto se convierte en un ejemplo para nosotros en cuanto a cómo prepararnos, enfrentar y resistir la tentación. Quizás revisando este momento en la vida de Jesús podamos aprender algo acerca de nosotros al enfrentar las tentaciones.

En primer lugar: nota cómo Satanás fue detrás de Cristo, inmediatamente después de Su experiencia en el Jordán. No olvidemos que algunas de nuestras mayores tentaciones vendrán después de algunos de nuestros mayores triunfos; cuando estemos relajados precisamente por haber triunfado. El triunfo nos lleva a evaluar a otros como fracasados o como inferiores, y ese es el comienzo del orgullo y el principio del descenso en nuestra vida espiritual. Cristo acababa de oír a Su Padre hablar desde los cielos en medio o durante Su bautismo, y luego vino Satanás a cuestionar si Él era, o no, Hijo y a cuestionar la veracidad de la Palabra que ya había sido escrita.

En segundo lugar: no pases por alto que la tentación viene después de 40 días de ayuno, en el momento del hambre. Del mismo modo, Satanás aprovechará nuestros momentos de debilidad para venir al asecho; en medio de la soledad y en medio de las necesidades para probar si realmente somos hijos de Dios, con lo cual pondría en entredicho nuestra salvación. El momento de la necesidad es un buen momento para que Satanás nos tiente, porque es entonces cuando estamos más propensos a pensar si no sería posible llenar nuestra necesidad de otra manera. La duda, el error y la mentira invaden nuestra mente. Por eso nos dice Pablo en Filipenses 4:8: *Por lo demás, hermanos, todo lo que es verdadero, todo lo digno, todo lo justo, todo lo puro, todo lo amable, todo lo honorable, si hay alguna virtud o algo que merece elogio, en esto medita.* Si dejamos que algo no verdadero entre en nuestra mente, seremos presa de sus artimañas. Incluso aquel que bautizó a Cristo, el que vio el cielo abrirse y la paloma descender sobre Jesús, fue el que en un momento de debilidad, estando en la prisión, envió mensajeros a Jesús para preguntar si Él era el Cristo o debían esperar a otro (Mat. 11:3). Nos referimos a Juan el Bautista.

En tercer lugar: la tentación de Jesús nos deja ver con claridad que ninguno de nosotros debería considerarse inmune a la tentación, porque si Satanás se atrevió a tentar al mismo Cristo, entonces él es alguien sin escrúpulos y con extrema malicia. El hecho de que él pensara que podía hacer caer a Jesús nos dice cuánta confianza tiene este príncipe de las tinieblas en su astucia para tentar y hacer caer.

En cuarto lugar: Jesús nos enseñó de qué manera podemos luchar en medio de la tentación; y la forma de hacerlo es confiando en la Palabra. Las tres tentaciones fueron repelidas usando la Palabra. «Escrito está», «escrito está», «escrito está». Pensar que podremos vencer la tentación sin el uso apropiado de la Palabra es algo irrisorio, y de ahí que tantos hijos de Dios han fracasado en el intento, porque la Palabra es la que nutre el alma, y si la tentación nos llega con el alma hambrienta, seremos presa del enemigo.

En quinto lugar: creo que es claro que Cristo nos mostró que es preferible estar hambriento en medio de la voluntad de Dios que estar saciado, pero fuera de ella. Nos mostró que el camino más largo siempre es preferible si es el camino de Dios, y que los atajos frecuentemente provienen de Satanás. Nosotros somos muy propensos a atribuir a Dios cualquier cosa que llega a nosotros con facilidad; y decimos: «Esto tiene que ser de Dios porque yo no lo estaba buscando». Seamos cuidadosos, porque quizás tú no lo estabas buscando, pero Satanás te estaba buscando a ti. Nuestro Dios nunca fue conocido como el Dios de la prisa, ni de los resultados inmediatos, ni el Dios de la facilidad y comodidad. Más bien Él es conocido como el Dios de la paciencia, el Dios eterno, el Dios que vive fuera del tiempo y del espacio.

Para Él, mil años son como un día. Satanás nos conoce como «las personas de los resultados del aquí y del ahora». Y, por lo tanto, nos tienta con esas cosas que se obtienen en microondas y, que al ser tan rápidas, atribuimos a nuestro Dios.

En sexto lugar: la tentación de Cristo nos muestra que Dios está pendiente de nosotros en las tentaciones. En el caso de Jesús, lo vemos al final del versículo 13, cuando dice que los ángeles lo atendían. Dios no nos abandona en medio de la tentación, y por eso en 1 Corintios 10:13 nos recuerda que Dios no nos deja ser tentado más allá de lo que podamos resistir y que, con la tentación, Él nos abre una vía de escape para que podamos resistirla. Dios Padre permitió que Jesús fuera tentado de esa manera sabiendo que Él podía soportarlo; pero la ministración de los ángeles en cierta medida representó la vía de escape. Dios fue fiel a Su Hijo y será fiel a nosotros, Sus hijos.

En séptimo lugar: la tentación de Cristo nos muestra que Dios no es el autor de la tentación, pero sí es Él quien la permite, y en el caso de Cristo, el Espíritu fue quien lo llevó hasta el lugar de la tentación. Y si Dios la permite, debemos preguntarnos: ¿qué propósito bueno puede tener algo que viene del maligno? La realidad es que Dios permite las tentaciones como pruebas «reveladoras». Las tentaciones muestran nuestras fortalezas y debilidades. Los 40 días en el desierto demostraron las fortalezas de nuestro Señor cuando estaba actuando en representación de la raza humana, en condiciones en las que estaba tratando de no usar Su poder a Su favor. Y aun así, Satanás no pudo vencerlo porque la debilidad de Dios es más fuerte que la fortaleza del reino de las tinieblas.

Las tentaciones revelan nuestro carácter, sobre todo si tenemos en cuenta que lo que a nosotros nos tienta tiene que ver con los deseos de nuestro corazón. Si a ti no te gusta viajar, nadie podrá tentarte con un pasaje de avión. De manera que cuando nos sentimos tentados podemos hacer ese ejercicio y decirnos: ahora estoy viendo que esto estaba en mi corazón. Y al hacerlo, recuerda:

- La tentación ocurre a menudo en un área donde ya fuiste tentado antes. Ese no fue el caso de Jesús, pero sí es el nuestro. Limita esa área de tu vida; cuida esa área. Ofrécela a Dios.
- La tentación entra por los cinco sentidos y por tu mente… cuídalos.
- La tentación está relacionada con un deseo del corazón.
- La tentación estimula la imaginación.
- La tentación usa la racionalización para adormecer la conciencia.

Las tentaciones revelan nuestro carácter, pero enfrentadas en el poder de Dios, podrían terminar fortaleciendo nuestro carácter. En 1 Pedro 1:6-7 leemos:

> *En lo cual os regocijáis grandemente, aunque ahora, por un poco de tiempo si es necesario, seáis afligidos con diversas pruebas, para que la prueba de vuestra fe, más preciosa que el oro que perece, aunque probado por fuego, sea hallada que resulta en alabanza, gloria y honor en la revelación de Jesucristo.*

El diseño de la tentación es para ser confrontadas con el poder de Dios, porque ellas pueden ser más fuertes que la debilidad de mi carne; pero no más fuertes que la mano de Dios.

El carácter de Cristo no fue fortalecido porque Él no tenía debilidades que fortalecer, pero Su carácter fue revelado para que hoy en día tú y yo podamos tener completa confianza en nuestro Sumo Sacerdote que fue tentado en todo como nosotros somos tentados.

En el pasaje de 1 Pedro que acabo de citar, Pedro habla de que por ahora es necesario que seamos afligidos por diversas pruebas. Bueno, ¿cuál es la necesidad? Porque es necesario que nuestra fe sea pulida hasta el punto que ella glorifique a Dios.

Conclusión

Las tentaciones ponen a prueba nuestro compromiso y Cristo demostró en el desierto que Él estaba comprometido con la causa de Su Padre en la redención de la raza humana. Satanás trata de detenernos en el camino para interrumpir el propósito de Dios en nuestra vida. Lo pudo hacer con Adán en el Edén; pero no lo pudo hacer con Cristo en el desierto. Adán falló en las mejores condiciones; pero Cristo triunfó en las peores condiciones. Por eso hoy no tienes nada que temer. En este mundo tendremos tribulación, dijo Cristo; pero no debemos temer porque Él ha vencido al mundo (Juan 16:33). Por todo lo anterior, no permitas que Satanás ponga un solo pie en la puerta de tu corazón. Cuando se pierde terreno santo, tus emociones comienzan a controlar tu mente.

Reflexionemos sobre estas palabras de F. B. Meyer, quien dijo una vez: «Cuando vemos a un hermano o hermana en pecado, hay dos cosas que no conocemos: primero, no sabemos cuánto esfuerzo esta persona hizo para no pecar. Y segundo, no conocemos el poder de las fuerzas que lo asediaron». Tampoco sabemos qué hubiésemos hecho nosotros en las mismas condiciones, agregó Brown.[47]

Preguntas

1. ¿En qué consistieron las tentaciones de Jesús?

2. ¿Cómo resistió el Hijo de Dios a las tentaciones?

3. ¿Qué puedes aprender de las tentaciones de Jesús?

4. Cuando eres tentado, ¿qué cosas se están revelando acerca de ti?

5. ¿Cómo explicas que Jesús fue Dios y fue tentado, cuando el Libro de Santiago (1:13) dice que Dios no puede ser tentado?

---

47. Stephen Brown en *Christianity Today* [Cristianismo hoy] ed. 5 de abril de 1993, p. 17.

Capítulo 17

Jesús, el hombre que confronta tu vida

«[P]ara esto he venido al mundo, para dar testimonio de la verdad...».

Jesús

En el capítulo 3 del Evangelio de Juan, encontramos el relato del encuentro de Jesús con un hombre llamado Nicodemo, miembro del Sanedrín. En el siguiente capítulo, encontramos a Jesús conversando con una mujer samaritana. Nicodemo era un hombre importante, pero la mujer carecía de todo reconocimiento o distinción. El primero era de origen hebreo, mientras que esta mujer era samaritana, una raza rechazada por los judíos. Nicodemo pertenecía a los fariseos, pero esta mujer no pertenecía a ningún grupo religioso. Él era alguien respetado, pero ella ya se había acostumbrado al irrespeto. Nicodemo era un «académico», mientras que esta mujer no tenía ninguna educación. Él tuvo su encuentro con Jesús de noche, mientras que esta mujer se encontró con Él de día. Nicodemo vino en busca de Jesús, pero Jesús fue en busca de esta mujer; por eso, el texto dice que Jesús tenía que pasar por Samaria (Juan 4:4). Nicodemo vino a Jesús de noche, probablemente salvaguardando su reputación, mientras que esta mujer se encontró con Jesús de día, sabiendo que ella no tenía ningún prestigio que cuidar.

A pesar de estas diferencias enormes, ambos tenían algo en común: estaban perdidos sin Cristo. Lo increíble de esto es que ni Nicodemo ni la mujer samaritana pensaban que estaban perdidos, porque creían que su religión era la garantía de su salvación. Sin embargo, la religiosidad nunca ha salvado a nadie; al contrario, muchos se han perdido por ser religiosos. Lo que nos salva no es nuestra religión, sino nuestra relación con la persona de Jesús. Lo que hagamos o no con la persona de Jesús determina dónde pasaremos la eternidad. Esta mujer y Nicodemo, en un sentido, no tenían nada en común, excepto que, como Dios revela en Su Palabra, todos nos hemos quedado cortos de Su gloria (Rom. 3:23), sin importar cuál sea nuestra posición social, nuestra herencia o a qué grupo religioso pertenezcamos. Todos nos juntamos al pie de la cruz. Veamos algunas características de Jesús y de la samaritana para luego revisar de qué manera el Mesías confronta a esta mujer.

Características de Jesús

La ausencia de un espíritu de competencia

En este encuentro del Señor con la mujer samaritana, hay varias características de la persona de Jesús que salen a relucir y otras que llaman la atención en la mujer samaritana. De Jesús, notemos la ausencia de un **espíritu de competencia**. **Juan 4:1-3** dice lo siguiente: «Por tanto, cuando el Señor supo que los fariseos habían oído que Él hacía y bautizaba más discípulos que Juan (aunque Jesús mismo no bautizaba, sino Sus discípulos), salió de Judea y partió otra vez para Galilea». Tan pronto Jesús oyó que los fariseos estaban diciendo que Él bautizaba más discípulos que Juan, Él se retiró para ir a Galilea. Quien tenía el derecho de permanecer allí era Jesús, el Mesías, y quien debía retirarse era Juan el Bautista. Pero Jesús conocía algo que muchos no conocen: aquellos que ceden sus derechos tienen mayor estatura que aquellos que los reclaman. Se requiere de una grandeza de corazón extraordinaria para ceder el derecho que sabemos que nos pertenece.

Quien reclama sus derechos es el yo en nosotros, pero quien nos hace ceder nuestros derechos es el Espíritu de Dios que mora en nosotros. Leemos en Filipenses 2 que, cuando Jesús dejó la gloria, se despojó a sí mismo; se vació no solo de Su gloria, sino de todos Sus derechos. Estas palabras no están ahí por accidente. Dios ha revelado que Su meta es hacernos a la imagen de Su Hijo y hasta que nosotros no dejemos de reclamar nuestros derechos como hizo Su Hijo, Dios no dejará de orquestar circunstancias en las que nuestros derechos se vean pisoteados. Jesús nos enseñó que la grandeza de un hombre no radica en los derechos que tiene, sino en los derechos que no reclama.

Jesús se retira con Sus discípulos a otro lugar y permite que sea Juan el Bautista el que continúe bautizando en Judea. Con esto, Él mostraba que no tenía celos ni envidia, ni deseos de sobresalir por encima de Juan, y dejaba así un ejemplo a Sus discípulos para que entendieran hasta dónde debemos ceder para glorificar al Padre.

El uso desinteresado del poder

De la persona de Jesús también resalta el hecho de que el Maestro nunca usó Su poder ni Sus prerrogativas para Su propio beneficio. Esto es lo que nos dice **Juan 4:6-7**: «[Y] allí estaba el pozo de Jacob. Entonces Jesús, cansado del camino, se sentó junto al pozo. Era como la hora sexta. Una mujer de Samaria vino a sacar agua, y Jesús le dijo: Dame de beber». Es increíble que Aquel que tenía el poder de resucitar a los muertos no se atreviese a usar ese mismo poder para eliminar Su cansancio o Su sed. ¿Por qué? Porque muchas veces la grandeza de un hombre se ve mejor no en el poder que usa, sino en el poder que no usa. Jesús nunca lució más grande que cuando estaba en la cruz. Pudo haber llamado a una legión de ángeles en Su auxilio si hubiera querido, pero permaneció clavado al madero. Tenía el poder y el derecho de enjuiciar a todos los que lo habían llevado hasta la cruz, pero prefirió decir: «Padre, perdónalos, porque no saben lo que hacen». ¿Por qué? Porque la grandeza de un hombre se ve mejor no en lo que juzga, sino en lo que perdona. Jesús restringió Su poder todo

el tiempo si tenía que ver con Sus necesidades. Aquel que les dio agua
de beber a más de 2 000 000 de judíos en el desierto está junto a un
pozo sediento y en busca de agua. ¿Por qué? Porque Jesús entendió
algo que la mayoría de nosotros no acaba de entender, y es que no se
trata de nosotros.

Su actitud no prejuiciada

Jesús era judío y esta mujer era samaritana. Los judíos habían tenido
prejuicios contra los samaritanos por cientos de años. En el 722 a.C.,
los asirios invadieron la parte norte de Israel y se llevaron a diez de
las tribus. Algunos asirios regresaron a aquel lugar y se casaron con
mujeres israelitas que habían quedado allí después de la invasión,
y esta raza mixta fue la que se conoció como los samaritanos.
Y aún más, años después Manasés construyó un templo en el
monte Gerizim, que es el monte al cual se refiere esta mujer en el
versículo 20, y esto irritó más a los judíos, quienes entendían que el
templo solo podía estar en Jerusalén. En el 129 a.C., un general judío
llamado Juan Hircano destruyó el templo de los samaritanos construido
por Manasés, lo cual irritó a los samaritanos en contra de los judíos.
Todo esto contribuyó a forjar una rivalidad de cientos de años.

Un hombre judío nunca hubiese hablado en público con una mujer,
ni aunque fuera su esposa y mucho menos si la mujer era samaritana.
En ese momento, Jesús estaba cruzando una barrera que tenía siglos de
existencia. No hay nada peor que el prejuicio racial. Jesús aborda a esta
mujer con tacto porque Él sabe que no importa lo diferente que seamos;
todos tenemos necesidades similares e insatisfacciones parecidas.

Características de la samaritana

Su necesidad emocional

Sabemos que esta samaritana estaba emocionalmente insatisfecha;
de ahí que había tenido cinco maridos y el que tenía ahora no era
su marido. Nosotros podemos ver a esa mujer simplemente como

alguien promiscua o podemos verla como alguien que tenía una necesidad inmensa que solo Jesús podía satisfacer. Ella necesitaba a Jesús para cambiar su estilo de vida. En cada uno de esos hombres que había conocido, ella buscaba algo que solo Dios podía darle. Quería sentirse amada, valorada, segura, apreciada y no entendía que, cada vez que agregaba otro hombre a su lista, ella valía menos para el próximo que la tuviera en sus brazos. Después de seis experiencias similares, solo había una persona que la seguía amando igual y era la persona de Jesús. Cada una de estas experiencias con estos supuestos maridos tuvo su precio, porque nadie pasa por seis manos diferentes sin pagar un costo muy alto. Es penoso porque esta mujer pagó un alto precio por encontrar algo que nunca encontró. Pagó sin llegar a encontrar lo que Jesús ofrece gratis. Es posible que esta mujer buscara seguridad y pensara que solamente un hombre podía dársela. Sin embargo, desconocía que ningún hombre puede darle garantías. La seguridad viene de Dios. Quizás buscara aprobación y, cada vez que fue rechazada o dejada por uno de estos hombres, esa experiencia solo sirvió para ahondar más su sentido de rechazo. Cuántas personas no han hecho todo tipo de cosas buscando la aprobación de los demás, pero sin encontrarla. Esta mujer desconocía que tenía frente a ella la solución de los problemas de toda su vida. Ella desconocía tres cosas:

- quién era Jesús,
- lo que Él tenía que ofrecer y
- cómo obtener eso que Él ofrecía.

Su necesidad espiritual

Esta mujer no solo tenía una necesidad emocional que ella trató de llenar con estos hombres, sino también una necesidad espiritual. Por eso quería saber cuál era el lugar correcto para adorar, si en el monte Gerizim como decían los samaritanos o en Jerusalén. El problema es que nuestra necesidad espiritual no la llena un lugar, sino una persona; no la llena una religión, sino una relación; y no la llena el hombre, sino Dios. Igual que ella pensó que emocionalmente lo que necesitaba era un marido, de esa misma forma pensó que su necesidad espiritual tenía que ver con el lugar de adoración... y no sabía que lo que andaba buscando estaba frente a ella. Esta mujer samaritana necesitaba alguien que la amara incondicionalmente, y Jesús era el único que podía hacer eso. Ella necesitaba adorar al verdadero Dios y no el verdadero lugar. Los samaritanos solo aceptaban los cinco primeros libros de Moisés, los que llamamos el Pentateuco, de manera que desconocían y rechazaban el resto de la revelación de Dios.

Su evasión de la realidad

Jesús está haciendo todo lo que puede para llevar a esta mujer a entender su necesidad, y ella está haciendo hasta lo imposible para no tener que lidiar con su realidad. Es mucho más fácil hablar de religión que hablar de mis problemas; de ahí que ella quería hablar de cuál era el lugar de adoración y entrar en la controversia. Es mucho más fácil hablar del pasado que hablar de lo que yo tengo que arreglar en el presente. De ahí que ella habló de Jacob. Es más fácil hablar de otros que hablar de mí. Jesús quería hablar de ella, pero ella quería hablar de cualquier otra cosa que no fuera ella. Jesús quiere hablar de agua viva y ella quiere hablar del pozo. Jesús quiere hablar de Dios Padre y ella quiere hablar de su padre Jacob que cavó el pozo. Esta mujer le dice a Jesús en Juan 4:12: «**¿Acaso eres tú mayor que nuestro padre Jacob, que nos dio el pozo del cual bebió él mismo, y sus hijos, y sus ganados?**». Esta samaritana necesitaba entender que la grandeza del hombre no se mide por el número de personas a las que puede dar de beber, sino por cuántos pueden beber de él. Jesús quiere ir profundo, pero ella quiere permanecer en la superficie. Jesús quiere mostrarle su condición presente, pero ella quiere permanecer en el pasado hablando de Jacob. Jesús quiere saciar su alma, pero ella solo quiere saciar su lengua. Ella no entiende el mensaje porque sus ojos están puestos en otra cosa. Ella quiere probarle a Jesús que Él no puede ser más grande que su padre Jacob, y Jesús trata de mostrarle que

Jacob no es el problema, sino que es ella. Jesús quiere forzarla a mirar hacia adentro, pero ella prefiere mirar hacia atrás y permanecer en la controversia entre judíos y samaritanos. Con esto, ella quiere hablar de religión, mientras que Jesús quiere hablar de relación. Ella quiere hablar de otro, pero Jesús quiere hablar de ella.

La solución de Jesús

Finalmente, Jesús le deja ver que ellos dos están hablando de dos cosas muy diferentes. Observa lo que dice **Juan 4:13-15**: «Respondió Jesús y le dijo: Todo el que beba de esta agua volverá a tener sed, pero el que beba del agua que yo le daré, no tendrá sed jamás, sino que el agua que yo le daré se convertirá en él en una fuente de agua que brota para vida eterna. La mujer le dijo: Señor, dame esa agua, para que no tenga sed ni venga hasta aquí a sacarla». Ahora Él le dice que el que tome de Su agua tendrá en Él una fuente de agua que brota para vida eterna. Ella no entiende. Pero ¿por qué no entiende esta mujer? Porque nuestro entendimiento depende de nuestros pensamientos. Cuando esta mujer llega al pozo, no cree que tiene un problema; en todo caso el impedimento lo tiene Jesús que no tiene con qué sacar agua. En la antigüedad los hombres viajaban con un recipiente con el cual pudieran sacar agua en caso de necesidad. Esta mujer se percata de que Jesús no tiene uno de estos recipientes. Cuando Cristo le habla de esta agua que brota para vida eterna, ella debió haber preguntado: «¿De qué tipo de agua estás hablando? ¡El agua que yo conozco no tiene nada que ver con vida eterna!». En cambio, ella le dice que le dé de esa agua de manera que nunca más tuviera que volver a ese pozo. Esta mujer quiere llenar su necesidad inmediata, su sed, la necesidad que se ve en la superficie. Pero Cristo estaba interesado en llenar una necesidad más profunda y que ella misma no veía.

El encuentro con tu verdadera necesidad

Esta mujer cometió el mismo error que muchos, y es pensar que su primera necesidad es física o material. Jesús estaba tratando de enseñarle que ella tenía una necesidad espiritual, y al mismo tiempo quiere confrontarla con su pecado. Jesús le dice en el versículo 16: «Ve, llama a tu marido y ven acá». La samaritana responde: «No tengo marido» (v. 17). Esa era la respuesta incorrecta. Esta samaritana debió haber preguntado: «¿Para qué quieres a mi marido? ¿Qué tiene que ver mi marido con el ofrecimiento de agua?». Pero ella responde otra cosa y miente. El que no tiene nada que esconder no tiene por qué mentir. Quiso mantener la conversación en lo trivial todo el tiempo hablando de otras cosas, menos de su condición espiritual. Jesús le dice: **«Bien has dicho [...] porque cinco maridos has tenido, y el que tienes no es tu marido»** (vv. 17-18). Me imagino a esta mujer transformada, su rostro totalmente enrojecido cuando se percata de que este hombre conoce su historia. Lo que ella estaba tratando de ocultar ha salido a la luz. Ya no puede seguir esquivando el tema. Jesús la ha llevado a enfrentar su pecado porque no puede haber perdón sin convicción, ni perdón sin arrepentimiento. Pero aun así, esta mujer trata de desviar el tema; de ahí que incluso después de Jesús haber descubierto su pecado, en vez de tratar con este, ella responde y le dice en el versículo 20: «Nuestros padres adoraron en este monte, y vosotros decís que en Jerusalén está el lugar donde se debe adorar». No hay quien haga hablar a esta mujer de su condición. El problema era que ella no estaba dispuesta a mirar hacia adentro y darse cuenta de que el problema no eran los cinco maridos que ella había tenido, sino su vacío emocional secundario a una necesidad espiritual insatisfecha que la había llevado a pecar de diferentes formas. Ahí es donde Jesús quiere llevarla, pero ella no quiere.

Abrazar la verdad

Probablemente esta mujer estaba acostumbrada a oír palabras bonitas de aquellos hombres que querían poseerla. Oyó palabras bonitas de aquellos que querían su cuerpo, pero oyó palabras duras del único que amaba su alma. Ese día, esa mujer entendió algo que no había entendido, y es que las verdaderas palabras bonitas no son las que te hacen sentir bien, sino las que te acercan a Dios. Cuando se ve descubierta, ella dice: «[P]arece que tú eres profeta». Esta mujer quiso esconder los cinco maridos más la persona con la cual convivía en la actualidad como si fuera posible esconder algo de Dios. Esta reacción humana es tan antigua como el hombre mismo. Si nos vamos al jardín del Edén encontraremos la respuesta. Adán y Eva pecan y, cuando Dios los llama, lo primero que hacen es esconderse de Dios. Hasta ese momento nunca habían sentido el deseo o la necesidad de esconderse, pero ahora que habían pecado, su primer impulso es ir a esconderse. Esta mujer samaritana mintió tratando de esconder su pasado. Y así es cómo el ser humano tiende a responder: mintiendo, tratando de esconder algo que Dios conoce. Cuanto más pecas, más necesidad tienes de mentir. En cambio, las personas santificadas son personas transparentes. El encuentro con Jesús nos obliga a dejar las mentiras a un lado para abrazar Su verdad.

Vencer el temor al rechazo

Hay algo más que lleva al hombre a mentir, y es el temor a ser rechazado. Cuando Dios le pregunta a Adán por qué se escondieron, lo primero que Adán dice es que tuvo miedo. Pero ¿miedo a qué? A ser rechazado y a las consecuencias que pudieran venir. Muchos piensan: «Si yo cuento esto, nadie me verá igual de nuevo». Y muchas veces eso es cierto; pero en este caso el problema no está en la persona que reveló su situación, sino en la persona que cambió de opinión porque alguien le reveló su vida pasada. Muchos tratan de guardar su reputación, pero al mismo tiempo descuidan su carácter. Yo aprendí hace mucho tiempo que no necesito cuidar mi reputación; cuando yo cuido mi carácter, Dios cuida mi reputación. Notemos cómo hasta ese momento la mujer había hablado de todo, menos de ella. Alguien decía que el psicólogo o el psiquiatra tienen un gran problema y es que, cuando el paciente viene a ellos, ese paciente trata de esconder lo que tiene. El resto de los pacientes van al médico para contarle o revelarle todos los problemas o malestares que sienten. El paciente que acude al psicólogo va porque se siente mal, pero hace un esfuerzo extraordinario para esconder su problema porque «no quiero que él vaya a pensar que yo estoy loco».

Permitir que Jesús invada tu vida

Notemos que Cristo no rechaza a esta mujer, incluso conociendo su vida pasada. Al contrario, Cristo fue siempre cuidadoso y poco a poco, con mucha sabiduría, se fue aproximando al corazón de esta mujer. Ella se sintió tan acogida que permitió que Jesús penetrara al interior de su vida. Con toda probabilidad, no todo el diálogo que Cristo sostuvo con esta mujer esté grabado en estas páginas de la Biblia. Notemos que en Juan 4:29 dice: «Venid, ved a un hombre que me ha dicho todo lo que yo he hecho...», cuando en realidad Jesús solo revela que ella tuvo cinco maridos y el que tenía ahora no era su marido. Cuando el otro percibe que yo estoy interesado en ayudarlo, muchas veces está dispuesto a contarme su historia. Pero yo tengo que ganarme esa confianza, esa credibilidad.

Cuando Adán y Eva pecaron, perdieron su sentido de seguridad al no tener la protección de Dios; perdieron el sentido de lo eterno o de lo inmortal al saber que ahora tendrían que morir. Perdieron su sentido de propósito cuando Dios les anunció que ya nunca más labrarían el huerto y que de ese momento en adelante tendrían que trabajar muy duramente. Además, perdieron su aprobación y quedaron con un sentido de culpa. Esta mujer samaritana buscó seguridad y aprobación en estos hombres que tuvo y encontró rechazo y terminó con un sentido de culpa que la llevó a mentir, para tratar de ocultar su pasado. Pero cuando Jesús invade tu vida, dejas de confiar en los hombres y aprendes a confiar en el único que es digno de toda confianza; Él es el único con la capacidad de serte fiel en cada una de las circunstancias de la vida. Su fidelidad es una de las manifestaciones de Su divinidad.

La confrontación del pecado en tu vida

Jesús quería devolverle la paz a esta mujer y hacerla sentir valorada y amada. Pero antes de que ella pudiera estar en paz, necesitaba confrontar el pecado que había en ella. Muchas veces el ser humano quiere aprobación de Dios, Su seguridad y Su paz, pero sin tratar con el pecado en su vida. Al final, me imagino que los ojos de Jesús la hicieron sentir en paz, pero antes ella se sintió avergonzada. Adán al pecar se escondió porque tuvo vergüenza al verse desnudo. Cuando Jesús le revela el pasado a esta mujer, fue como si Jesús hubiese desnudado su vida, y no me cabe la menor duda de que ella sintió vergüenza. He llegado a aprender que, cuando pecamos, la vergüenza es un sentimiento saludable para luego experimentar arrepentimiento. La vergüenza y la culpa nos sirven de frenos para no volver a repetir nuestras faltas. Pero al igual que esta samaritana, el hombre no experimenta liberación de su miedo, de su vergüenza y de su inseguridad hasta que no tiene un encuentro real con Jesús. Quizás algunos puedan decir: «Yo conozco personas que son creyentes y que aún tienen miedos e inseguridades, o se sienten avergonzados de experiencias de pecados en el pasado». Claro, porque habiéndose acercado a Cristo, nunca han sido honestas con Dios mismo o con alguien que los pueda ayudar a enfrentar la memoria de su pasado. Y eso continuará así por toda la vida a menos que esa persona esté dispuesta a dejar que el Señor trate con ella.

Cristo quería que la mujer samaritana se sintiera amada, pero no sin antes lidiar con su pasado y con su pecado. Estoy convencido, por el contexto, que esta conversación fue mucho más larga de lo que Juan registra, como dijimos antes, y creo que cuando esta mujer regresa al pueblo ya había entendido lo que era el agua viva que Cristo le ofrecía. Probablemente, incluso ya habría recibido salvación, sobre todo al pensar que una mujer que no quería hablar de su pasado llega al pueblo diciéndole a todo el mundo que este hombre le ha dicho todo cuanto había hecho. Si tienes un pasado como el de ella, no quieres regresar al pueblo y contarle a todo el mundo lo que Jesús te había dicho… a menos que Jesús te haya liberado y sanado de tal forma que ahora ya no tienes miedo porque no tienes nada que ocultar ni nada que probar. Jesús fue su solución final.

Dios ha querido ser la fuente de satisfacción, pero el hombre ha preferido cisternas agrietadas. **Jeremías 2:13 dice:** «Porque dos males ha hecho mi pueblo: me han abandonado a mí, fuente de aguas vivas, y han cavado para sí cisternas, cisternas agrietadas que no retienen el agua». Como hemos dicho antes, una cisterna agrietada es cualquier cosa en la que el hombre pone su confianza que no sea Dios.

Dios quiere poner Su mirada sobre ti, el pecador, para salvarte, pero no sin antes haber tratado con el pecado en tu interior. ¿Por qué ocultar las cosas a Dios cuando Él las conoce todas? Jesús es «buenas nuevas», pero, antes, yo tengo que conocer las «malas nuevas»… que soy un hombre pecador que necesita arrepentimiento y que sin Jesús permaneceré espiritualmente sediento e insatisfecho.

Conclusión

La mujer samaritana tuvo un encuentro con Jesús y se sintió confrontada con su pecado. Pero el encuentro con su realidad no hizo que se alejara de Jesús, sino que, al contrario, la hizo llamar a otras personas de su pueblo para que vinieran a conocer a alguien que le había dicho toda la verdad. Jesús no nos confronta para llevarnos a la vergüenza y a la humillación, sino al arrepentimiento y al perdón. Nosotros no le damos la bienvenida a la confrontación que otros nos hacen porque nuestro orgullo no nos permite hacer algo semejante. Pero cuando conoces a Jesús (Su vida, Su muerte, Su estándar, Su santidad), es imposible no sentirte confrontado de una u otra manera. Pero Su confrontación nos lleva a una vida de mayor libertad y de mayor plenitud. La intención de todo este libro es presentar la vida de Cristo y dejar que lo que conozcas de Él haga el resto del trabajo en el interior de tu vida.

Preguntas

1. ¿Qué crees que Jesús quiso decir al expresar: «Yo he venido para dar testimonio de la verdad»?

2. ¿Qué características de Jesús puedes ver en el encuentro con la samaritana y cuáles necesitas desarrollar?

3. La samaritana trató de evadir su pasado en su encuentro con Jesús, ¿recuerdas alguna ocasión en la que has hecho algo similar?

4. ¿Cuáles son algunas de las razones por las que el ser humano no desea enfrentar su realidad?

5. ¿De qué manera ha confrontado Jesús tu vida?

CAPÍTULO 18

JESÚS, EL HOMBRE QUE DESAFIÓ AL MUNDO

«Ninguna autoridad tendrías sobre mí si no se te hubiera sido dada desde arriba...».

JESÚS

Muchos están familiarizados con un Jesús manso y humilde, como en realidad lo fue; pero pocos conocen el Jesús firme, inamovible, confrontador y hasta cierto punto «desafiante». Es de ese Jesús que queremos hablar en este capítulo. Cuando nos referimos al Jesús que desafió al mundo, no nos estamos refiriendo a un hombre rebelde, testarudo y airado, sino más bien a un hombre que fue incapaz de comprometer Sus principios y que sostuvo en alto el estándar del Padre, a pesar de las presiones del mundo que le rodeó.

Jesús confronta al «dios poder»

Al insistir Jesús que todo hombre es responsable ante Dios, se colocó por encima no solamente del hombre común, sino de todo imperio y potestad, llamándolos a someterse a Su autoridad. Esa actitud representó una amenaza para el imperio reinante en esa época y, al no ceder ante las demandas de los judíos (escribas, fariseos y el Sanedrín) ni a las demandas de

las autoridades gentiles que representaban al Imperio romano, Jesús
estaba rivalizando y cuestionando no solo su autoridad, sino la
manera de ejercerla.

Jesús confronta el poder político

Tal vez no haya otro diálogo más revelador de esto que estamos
tratando de comunicar que aquella conversación que transcurrió entre
Pilato y Jesús el día que este último compareció ante el gobernador.
Veamos qué ocurrió:

Juan 19:8-12: «Entonces Pilato, cuando oyó estas palabras, se
atemorizó aún más. Entró de nuevo al Pretorio y dijo a Jesús: ¿De
dónde eres tú? Pero Jesús no le dio respuesta. Pilato entonces le dijo:
¿A mí no me hablas? ¿No sabes que tengo autoridad para soltarte,
y que tengo autoridad para crucificarte? Jesús respondió: Ninguna
autoridad tendrías sobre mí si no se te hubiera sido dada de arriba;
por eso el que me entregó a ti tiene mayor pecado. Como resultado
de esto, Pilato procuraba soltarle, pero los judíos gritaron, diciendo:
Si sueltas a este, no eres amigo del César; todo el que se hace rey se
opone al César».

Inicialmente, Jesús rehúsa responder, lo que provocó una cierta
irritación en la persona de Pilato. Luego, cuando Jesús decide
contestar, Pilato parece intimidarse, algo que vemos revelado en estas
palabras: «Como resultado de esto, Pilato procuraba soltarle». En vez
de responder imponiéndose ante el cuestionamiento de su autoridad,
Pilato se ve movido a darle Su libertad, precisamente porque en las
palabras de Jesús él percibió Su autoridad y Su inocencia. No responder
las preguntas del gobernador representaba en esa época una osadía de
parte del entrevistado o del cuestionado; de ahí la pregunta de Pilato
en el versículo 10: «¿A mí no me hablas?», la cual fue seguida de otra
pregunta: «¿No sabes que tengo autoridad para soltarte, y que tengo
autoridad para crucificarte?». Y Jesús, en vez de amedrentarse con
tal declaración, responde negando que Pilato pudiera ejercer una
autoridad como esta, a menos que el Padre lo hubiese autorizado

para hacer tal cosa. Este encuentro fue simplemente uno de muchos que ponen de manifiesto de qué manera Jesús confrontó al mundo a Su paso por la tierra. Jesús adoptó una actitud similar cuando fue interrogado ante el rey Herodes, el cual le cuestionó extensamente, y sin embargo Jesús se negó a responder sus preguntas (Luc. 23:9). Su silencio, con toda probabilidad, fue interpretado como un desafío a la autoridad de Herodes; pero la agenda de Jesús nunca fue determinada por los hombres, sino por la voluntad de Su Dios.

Pilato, Herodes y el Sanedrín tenían el poder, pero Jesús tenía el control. Aquel que tiene el control es mayor que aquel que ejerce el poder, aunque esa no es la manera cómo el ser humano evalúa lo que acabo de decir. Si hay algo que sabemos, es que el poder es uno de los dioses que ha regido la humanidad; y tanto es así que son pocos los que no se han rendido ante este dios. La sed de poder ha caracterizado al ser humano desde el inicio de los tiempos, y ese hombre caído ha estado haciendo lo imposible para escalar posiciones de poder desde donde él pueda controlar a otros. Sin embargo, Jesús antes de venir a la tierra ocupaba la posición más encumbrada junto al Padre y al Espíritu Santo como miembros de la Trinidad y, en vez de aferrarse a Su igualdad con Dios, «no consideró el ser igual a Dios como algo a qué aferrarse» (**Fil. 2:6**); y en vez de permanecer en Su encumbrada posición, decidió descender, hacerse hombre, tomando la forma de siervo, para humillarse y llegar hasta la cruz de una manera obediente. Jesús no vino a iniciar una revolución que terminara desestabilizando el régimen del Imperio romano, porque Su reino era y es de otro mundo. El desafío que Jesús hace al mundo no es del tipo revolucionario, sino de otro género, con otras motivaciones y otras intenciones. Las personas ejercen el poder con la finalidad de gobernar y controlar a otros, pero Jesús hizo uso del poder no para estos fines, sino para servir al otro. Los seguidores de Jesús estaban también interesados en el ejercicio del poder, y por eso con frecuencia quisieron proclamarlo como rey, lo cual Él rehusó.

Jesús desafió las formas de pensar del mundo al traer una nueva cosmovisión y al llamar a vivir de una manera contracultural. Para el mundo, el poder representa una oportunidad a la que llegas por ser más destacado que otros; y al alcanzarla, usas dicha posición para tus propios beneficios y promueves tu agenda y propósitos por encima de los demás. La visión del poder que tiene el mundo es utilitarista, esto es, su uso para la promoción de tus propios intereses. La visión cristiana del poder es completamente distinta; Cristo enseñó que el poder es un privilegio para ser usado para el beneficio del otro, bajo la dirección de Dios y para la promoción de Sus propósitos. Por otro lado, el poder en el mundo cristiano no es visto como algo que te ganas, sino como algo que Dios te concede por gracia de una manera tan especial que ni siquiera deberíamos hablar de poder en el reino de Dios, sino del favor de Dios que está sobre alguien operando a través de la persona que es usada.

Dios tiene todo poder y Él tiene toda autoridad. La manera en que Herodes y Pilato manejaron el poder dista mucho de la manera en que Cristo entiende que nosotros deberíamos hacer uso de este. Herodes y Pilato usaron el poder para promover sus nombres, sus intereses y su propia agenda. Un gobernador (Pilato) o un rey (Herodes) en la tierra viven consumidos frecuentemente por una pasión por su propio reino, mientras que Jesús vivió con una pasión por el reino de los cielos. Por eso rehusó someterse a las demandas del reino de los hombres, y eso intimidó tanto a judíos como a romanos. Unos manipulaban, difamaban, coaccionaban; mientras que Jesús sanaba, tocaba, enseñaba y amaba a través del poder de Su persona. Detrás del hambre por el poder está el orgullo humano que quiere reconocimiento. Por eso Willian Law decía que «si el orgullo no muere en usted, nada del cielo puede vivir dentro de usted. No lo considere solo como una forma de ser que no lo favorece, ni mire la humildad como una virtud digna. El orgullo está hecho todo de infierno y la humildad todo del cielo».[48]

---

48. William Law y Stephen Hobhouse, *Selected Mystical Writings of William Law* [Una selección de las obras místicas de William Law] (Londres: Kessinger Publishing, LLC, 2003), 108.

Jesús confronta el poder religioso

Jesús, como mencionamos, no solamente confrontó el poder político, sino que confrontó el poder religioso, como vemos en los siguientes versículos:

Mateo 23:1-3: «Entonces Jesús habló a la muchedumbre y a sus discípulos, diciendo: Los escribas y los fariseos se han sentado en la cátedra de Moisés. De modo que haced y observad todo lo que os digan; pero no hagáis conforme a sus obras, porque ellos dicen y no hacen».

Mateo 23:6: «[A]man el lugar de honor en los banquetes y los primeros asientos en las sinagogas».

Por esta razón Jesús emprende una serie de denuncias en contra de ellos que aparecen en **Mateo 23:15-33:**

¡Ay de vosotros, escribas y fariseos, hipócritas!, porque recorréis el mar y la tierra para hacer un prosélito, y cuando llega a serlo, lo hacéis hijo del infierno dos veces más que vosotros. ¡Ay de vosotros, guías ciegos!, que decís: "No es nada el que alguno jure por el templo; pero el que jura por el oro del templo, contrae obligación". ¡Insensatos y ciegos!, porque ¿qué es más importante: el oro, o el templo que santificó el oro? También decís: "No es nada el que alguno jure por el altar; pero el que jura por la ofrenda que está sobre él, contrae obligación". ¡Ciegos!, porque ¿qué es más importante: la ofrenda, o el altar que santifica la ofrenda? Por eso, el que jura por el altar, jura por él y por todo lo que está sobre él; y el que jura por el templo, jura por él y por el que en él habita; y el que jura por el cielo, jura por el trono de Dios y por el que está sentado en él. ¡Ay de vosotros, escribas y fariseos, hipócritas!, porque pagáis el diezmo de la menta, del eneldo y del comino, y habéis descuidado los preceptos de más peso de la ley: la justicia, la misericordia y la fidelidad; y estas son las cosas que debíais haber hecho, sin descuidar aquellas. ¡Guías ciegos, que coláis el mosquito y os tragáis el camello! ¡Ay de vosotros, escribas y fariseos, hipócritas!, porque limpiáis el exterior del vaso y del

*plato, pero por dentro están llenos de robo y de desenfreno.
¡Fariseo ciego! Limpia primero lo de adentro del vaso y del
plato, para que lo de afuera también quede limpio. ¡Ay de
vosotros, escribas y fariseos, hipócritas!, porque sois semejantes
a sepulcros blanqueados, que por fuera lucen hermosos,
pero por dentro están llenos de huesos de muertos y de toda
inmundicia. Así también vosotros, por fuera parecéis justos
a los hombres, pero por dentro estáis llenos de hipocresía y
de iniquidad. ¡Ay de vosotros, escribas y fariseos, hipócritas!,
porque edificáis los sepulcros de los profetas y adornáis los
monumentos de los justos, y decís: "Si nosotros hubiéramos
vivido en los días de nuestros padres, no hubiéramos sido sus
cómplices en derramar la sangre de los profetas". Así que dais
testimonio en contra de vosotros mismos, que sois hijos de los
que asesinaron a los profetas. Llenad, pues, la medida de la
culpa de vuestros padres. ¡Serpientes! ¡Camada de víboras!
¿Cómo escaparéis del juicio del infierno?*

Estas palabras de confrontación representaban una amenaza
para el sistema religioso imperante en el momento. Esta forma de
hablar y de vivir desafió a las autoridades del mundo, aunque Su
intención nunca fue retar la autoridad. De hecho, cada vez que tuvo
que someterse a ella lo hizo, y cumplió con cada ley de los hombres
siempre y cuando no violara los preceptos de Dios.

Decíamos más arriba que el poder es uno de los dioses delante de
los cuales se ha postrado el mundo, y podríamos decir que entre los
dioses que han regido el mundo desde que el hombre se organizó
en comunidades están el poder, el dinero y el sexo. Cuando estos
tres se juntan forman una triada poderosa que llega a controlar
completamente el corazón del hombre.

Jesús desafía al «dios riquezas»

Como ya hablamos del poder, ahora quisiéramos dedicar una parte de nuestra discusión a lo que es la sed por el dinero y las riquezas en general, para ver de qué forma la entrada de Jesús al mundo cuestionó a este otro «dios». Muchos quieren poder por el control que pueden ejercer sobre otros; pero no es menos cierto que muchos quieren el dinero no solamente por las cosas materiales que pueden adquirir y la buena vida que pudieran disfrutar, sino también porque el dinero les permite comprar el poder. Jesús estaba consciente de cuán poderoso es el dios dinero, al que llamó *Mammón,* hasta el punto de que Él llegó a comparar a ese dios consigo mismo. Alguien ha hecho la observación de que la Biblia contiene unos 500 versículos sobre la oración, menos de 500 versículos sobre lo que es la fe, y unos 2350 versículos sobre las riquezas y su manejo. Creo que esto nos da una idea de cuán prioritario en la mente de Jesús fue este tema de los bienes materiales, por la competencia que representaban para su señorío en el corazón y la mente del hombre.

En inglés existe una frase muy conocida: «*Money talks*» o «El dinero habla», y con esta frase lo que mucha gente está tratando de comunicar es que el dinero o hace «hablar» a mucha gente que termina concediéndote lo que estás dispuesto a comprar o te hace hablar a ti para tratar de conseguirlo u ofrecerlo. Jesús era consciente de que el dinero ocupa un trono en el corazón del hombre que no le corresponde y, por tanto, cuando comenzó a enseñar una de Sus metas fue precisamente desafiar la «divinidad» del dinero y nadie ha sabido hacerlo mejor que el Maestro.

Lucas, en su capítulo 18, nos habla de un joven rico que vino a Jesús en busca de la vida eterna. Este joven estaba convencido de que él había cumplido la ley de Dios desde su juventud, algo que obviamente a la luz del resto de la revelación de la Biblia es imposible. Jesús conversa con él, consciente de que este hombre tenía un ídolo en su corazón y que ese ídolo estaba representado por sus riquezas. Puesto que es imposible recibir salvación sin que Cristo se convierta en nuestro Señor, Jesús dijo a este joven: «Te falta todavía una cosa; vende todo lo que tienes y reparte entre los pobres, y tendrás tesoro en los cielos; y ven, sígueme» (**Luc. 18:22**). El versículo siguiente nos dice que cuando este joven rico oyó esto se puso muy triste, se fue y se alejó de Jesús. De este modo, él prefirió perder la vida eterna, si era necesario, antes que perder sus bienes. De esta manera, y de muchas otras, Jesús supo confrontar no solo la forma en que el hombre pensaba acerca del dinero, sino que desafiaba el señorío que este ejerce sobre los hombres. Lo vemos nuevamente haciendo esto en otra ocasión, cuando dijo: «Ningún siervo puede servir a dos señores, porque o aborrecerá a uno y amará al otro, o se apegará a uno y despreciará al otro. No podéis servir a Dios y a las riquezas» (**Luc. 16:13**). Una vez más, queremos decir que cuando hablamos de que Jesús desafió al mundo estamos diciendo que Jesús vino no solamente para cambiar o cuestionar la cosmovisión del mundo, sino que Él vino para desafiar la manera en que el hombre piensa, mostrándole que hay valores correspondientes a un reino superior que deben tener prioridad sobre los valores de los reinos de este mundo.

Como mencionamos, el dinero da poder, y en la medida que lo adquirimos nos vamos volviendo más autosuficientes y arrogantes, y confiamos cada vez más en lo que poseemos y en lo que somos capaces de hacer. El hambre por el dinero es insaciable: cuanto más se tiene, más se quiere. De ahí que alguien le preguntara a un miembro de la familia Rockefeller cuánto dinero se requería para ser feliz y él contestara: «Un poco más de lo que se tiene»; en esencia nos decía que nunca nos saciamos de tener. El dinero tiende a volver a las personas materialistas y, por tanto, menos humanas en el trato con los demás. El dinero tiene una capacidad tan extraordinaria de dominar al hombre que en algún momento ocurre un cambio tal que el dinero deja de estar al servicio del hombre y el hombre pasa a estar a su merced, y emplea entonces todo su esfuerzo y toda su vida tratando de hacer más dinero. Jesús confrontó esa mentalidad y confrontó el estilo de vida que frecuentemente es construido con una mentalidad así.

El señor Jesús, siendo dueño de todo, termina sin un lugar donde recostar su cabeza, y con esto puso de manifiesto que Él jamás se dejó controlar por el deseo de las riquezas ni por el poder que estas pueden dar. Las riquezas le fueron ofrecidas al comienzo de Su ministerio, como vemos en una de las tentaciones del desierto, donde Satanás le ofrece todos los reinos de este mundo (Mat. 4:1-11). Y Jesús, al rechazar de manera directa la oferta de Su enemigo, estaba desafiando uno de los más grandes dioses de la humanidad: el dinero. Jesús no vino a promover un sistema comunista o socialista donde todo lo que los ricos y poderosos tuvieran les fuera entregado a aquellos que no poseen nada. Esa forma de actuar es contraria a la revelación de Dios, y tampoco contribuye a la transformación del corazón y la mente del ser humano. Lo que sí Jesús hizo fue confrontar los valores del mundo, que colocan los bienes materiales, las riquezas o el dinero mismo por encima de las personas, hasta llegar a destruirlas en muchas ocasiones. Esa es la razón por la que, cuando el joven rico se va triste y se aleja de Jesús, el Maestro pronuncia estas palabras que aparecen en **Lucas 18:24:** «¡Qué difícil es que entren en el reino de Dios los que tienen riquezas!». No es imposible, pero se hace difícil simplemente porque el dios riqueza compite con el señorío de Cristo, y es imposible heredar la vida eterna si Cristo no es Señor. Restarle importancia al poder y al dinero es una manera de desafiar los pilares sobre los cuales han descansado las naciones.

Pocos se percatan de que, de acuerdo con las palabras de Jesús, lo que nosotros hacemos con el dinero o con nuestras riquezas afecta nuestra relación con Dios. Nosotros vemos eso claramente enseñado en las palabras de Jesús cuando dijo: «Por tanto, si no habéis sido fieles en el uso de las riquezas injustas, ¿quién os confiará las riquezas verdaderas?» **(Luc. 16:11).** Para Jesús, las riquezas injustas son las que pertenecen a este mundo, que de una u otra manera son ganadas o gastadas de formas injustas; y las riquezas verdaderas son todas Sus bendiciones en gloria. Jesús dice que Él no nos puede dar mayores bendiciones celestiales a menos que hayamos probado ser fieles en el manejo de las riquezas injustas aquí en la tierra.

Quizás una de las maneras más directas en que Cristo confrontó al dios riquezas fue en el momento en que Él enseña a Sus discípulos que para poder seguirle como uno de los Suyos cada persona tendría que renunciar a todas sus posesiones. Aquí hay un desafío directo de mi derecho a la propiedad, porque Jesús estaba enseñando en ese

momento que a la hora de mi conversión yo necesito hacer un nuevo
título de propiedad a nombre de la persona de Jesús. **Lucas 14:33**,
lo dice de esta manera: «Así pues, cualquiera de vosotros que no
renuncie a todas sus posesiones, no puede ser mi discípulo». Estas
palabras no insinúan que yo debo venderlo todo, sino que necesito
reconocer que Él es el dueño y Señor de todo lo que existe y como tal
tiene el derecho de disponer de mis bienes en el momento que Él así
lo estime. Usualmente cerramos el puño sobre nuestras cosas para
reclamar lo que es nuestro. Al venir a Jesús tengo que abrir la mano
permitiéndole a Él tomar de ella lo que siempre ha sido Suyo en el
primer lugar. Cuando hacemos eso, muchas veces Cristo no necesita
llevárselo de la mano porque solo buscaba nuestro reconocimiento de
Su señorío sobre todas aquellas cosas que compiten con Él y que por
tanto me esclavizan a la idolatría.

Jesús confronta al «dios sexo»

Jesús desestima el poder y termina en una cruz, y desestima el dinero
y termina sin un lugar donde recostar su cabeza. Ambas acciones
representan una confrontación mayúscula de las formas de pensar
del mundo de hoy y a través de los siglos.

Finalmente, creo que podemos decir que Jesús supo confrontar al
tercer gran dios de la humanidad y es el sexo, caracterizado por la
lujuria en el corazón del hombre. El sexo ha sido utilizado por muchos
para controlar a otros. De esa misma manera, el poder y el dinero han
sido usados para comprar sexo, pero también el sexo ha sido usado
para comprar tanto poder como dinero, tal como menciona Richard
Foster en su libro *Dinero, sexo y poder*.[49] Es por eso que decimos que
esta es una triada sumamente poderosa en la vida del hombre. La
manera en que Jesús termina confrontando a este último dios que
hemos mencionado es condenando la lujuria y dejándonos ver que
«todo el que mira una mujer para codiciarla ya cometió adulterio con
ella en su corazón» (**Mat. 5:28**).

---

49. Richard Foster, *Dinero, sexo y poder* (Madrid: Editorial Betania, 1996).

Definir el adulterio de esta manera, la prohibición de ser marido de más de una mujer y el llamado a abandonar la lujuria son formas distintas en que Jesús confrontó la sexualidad caída del hombre. Si ha habido un momento en la historia de la humanidad en el que el sexo ha pasado a controlar la sociedad, este es dicho momento. Cuando vemos televisión es imposible hacerlo sin estar expuestos a una serie de imágenes sensuales destinadas a despertar en nosotros apetitos que, una vez despertados, nos controlan. Cuando manejamos un carro por la ciudad, el número de vallas con anuncios sensuales de uno u otro tipo capturan constantemente la atención no solamente del hombre, sino también del niño, lo que es aún peor. Muchos productos se promocionan y se venden a través de la sensualidad, ya sea tácita o directa. Jesús resistió victoriosamente la sexualidad caída del hombre y puso a nuestra disposición el poder para conquistarla.

La influencia de Jesús

Cuando Jesús viene y emplea tres años y medio de enseñanza en contra del dinero, el sexo y el poder, muchos no se percataron de que con estos valores Él estaba tambaleando las bases pecaminosas que han sostenido muchas relaciones e incluso muchas naciones. Tanto ha sido la influencia de Jesús, que James Allan Francis escribió lo siguiente: «Nació en una aldea aislada, hijo de una campesina. Nunca escribió un libro, nunca tuvo un puesto. Nunca tuvo una familia ni poseyó una casa. No fue a la universidad. Nunca visitó una gran ciudad. Nunca viajó más allá de 200 millas [300 km] de su lugar de origen. Nunca hizo las cosas que usualmente acompañan la grandeza. No tuvo ninguna credencial que no fuera Él mismo. Tenía solamente 33 años cuando la opinión pública se volvió en Su contra. Sus amigos lo abandonaron. Uno de ellos lo negó. Fue entregado a Sus enemigos y sometido a una burla de juicio. Fue clavado en una cruz entre dos ladrones. Diecinueve siglos han venido y pasado, y hoy es la figura central de la raza humana. Todos los ejércitos que han marchado, todas las flotas que han navegado, todo los parlamentos que se han convocado, todos los reyes que han reinado, todos juntos no han afectado la vida de los hombres en esta tierra tanto como esta vida solitaria».[50]

Después de la conversión y posterior influencia de los emperadores Constantino (siglo IV) y Justiniano (siglo VI), fueron los valores que Cristo sostuvo los que culminaron finalmente en la revisión de los deportes crueles, en la promulgación de leyes que protegían hasta cierto punto al esclavo, al prisionero, al mutilado y a la mujer rechazada. A los niños se les dio protección legal; y el abandono de los niños a la intemperie, si no eran deseados, fue abolido. Por eso, aun después de la muerte de Cristo, podemos ver cómo Su vida continuó desafiando las formas imperantes de tratar a las personas, las formas de diversión y, de forma especial, el trato hacia las mujeres y los niños. De hecho, se ha reconocido en el mundo legal al Código Justiniano como aquel grupo de leyes que trajo cambios significativos para la sociedad de aquellos días. Estos cambios a los que nos referimos han sido documentados por múltiples autores, incluyendo a Kenneth Latourette, el historiador del siglo XX de la Universidad de Yale.

El mundo de la antigüedad era tan frío y desinteresado en relación a la vida de los demás que Polibio reporta que «en Roma nadie le da nada a nadie».[51] De hecho, el emperador pagano Julián escribió lo siguiente: «Es una desgracia que, mientras ningún judío tiene que mendigar y mientras los cristianos apoyan a sus pobres y aun a los nuestros, todo el mundo ve que a nuestra gente le falta ayuda de parte nuestra».[52] Esos primeros cristianos a los que nos referimos, marcaron el nuevo curso de hacia dónde se dirigiría la humanidad, y lo hicieron porque aprendieron a desafiar también al mundo con sus formas de pensar y de vivir. A la hora de enfrentar el poder legal, ellos prefirieron morir en las bocas de las fieras y en las hogueras antes que

50. James Allan Francis, *The Real Jesus and Other Sermons* [El verdadero Jesús y otros sermones] (Filadelfia: The Judson Press, 1926), 123.
51. Polybius, *The Histories* [Las historias], Fragments of Book XXXI [Fragmentos del libro XXXI], http://penelope.uchicago.edu/Thayer/E/Roman/Texts/Polybius/31*.
52. Juliano el Apóstata, *Letter to Arsacius:* [Carta a Arsaces], http://www.thenagain.info.

reconocer a cualquier otro dios por encima de la persona de Jesús. En el primer siglo, ante la pregunta de quién era Dios, ¿Jesús o el César?, una y otra vez, los cristianos de la iglesia primitiva respondieron de manera incuestionable diciendo: «Jesús es Señor». Esa actitud pareció desafiante para los gobernantes de turno; pero en realidad la intención no era violentar la autoridad, sino que, ante la disyuntiva de si obedecer a Dios o a los hombres, los seguidores de Cristo respondieron como lo hizo Pedro: «Debemos obedecer a Dios antes que a los hombres» (Hech. 5:29).

Conclusión

Al finalizar este capítulo queremos puntualizar de nuevo que la manera en que Jesús desafió el mundo no fue creando una revolución social o política, aunque sin lugar a dudas Su encarnación representó una invasión del reino de las tinieblas y de todo el sistema de operación del mundo. La palabra desafiar tiene muchos significados; uno de ellos según el Diccionario de la Real Academia Española tiene que ver con «enfrentar las dificultades con decisión» y otro es el de «romper la fe y amistad que se tiene con alguien». Jesús enfrentó las corrientes de pensamiento de Su época tanto en el mundo religioso como en el mundo secular y llamó a un rompimiento de la amistad con el mundo. Cristo nos trajo un estándar nunca visto que puso en tela de juicio la religiosidad de Sus días y el despotismo romano. Es fácil decir que la persona de Jesús no solo desafió al mundo, sino que también lo hicieron Sus enseñanzas durante y después de Su muerte, así como los discípulos que abrazaron la cruz y decidieron vivir de una manera similar a como Jesús lo hizo.

Preguntas

1. ¿De qué manera entiendes que Jesús representó una amenaza para el judaísmo del primer siglo?

2. Romanos 13 nos llama a someternos a las autoridades de turno. ¿Piensas que Jesús se rebeló contra esas autoridades contradiciendo las directrices dadas en Su Palabra?

3. ¿Está la Iglesia llamada a confrontar al mundo de hoy?

4. ¿Por qué piensas que nosotros no somos tan perseguidos hoy como en el pasado?

5. ¿En qué maneras debe la Iglesia servir de voz profética para las naciones denunciando la maldad? Si no crees que ese es un rol de la Iglesia, ¿por qué no?

CAPÍTULO 19

JESÚS, EL HOMBRE QUE LO MERECE TODO

Conforme a mi anhelo y esperanza de que en nada seré avergonzado, sino que con toda confianza, aun ahora, como siempre, Cristo será exaltado en mi cuerpo, ya sea por vida o por muerte.

FILIPENSES 1:20

El versículo citado arriba representa el deseo y la pasión del apóstol Pablo, un hombre que llegó a entender a cabalidad todo lo que Cristo había hecho por él como pecador, y que, como consecuencia, llegó a desarrollar una pasión por exaltar y glorificar a su Señor, ya sea estando en vida o aun a la hora de su muerte. Cristo mismo nos dejó ese ejemplo. Jesús vivió para glorificar a Su Padre (Juan 17:4-6) y a la hora de morir dijo: Padre que se haga Tu voluntad y no la mía (Mat. 26:39-45). Para Dios es tan importante la manera en que vivimos como la manera en que morimos. Y con frecuencia nuestra muerte refleja la manera como hemos vivido.

Como bien dice el versículo que encabeza este capítulo, el anhelo de Pablo era que Cristo fuera exaltado en su cuerpo ya sea por vida o por muerte. Esa fue su pasión, una meta deseada con intensidad, su sueño, dormido o despierto.

Pablo tenía un deseo ardiente en su mente y una esperanza en su corazón. Su anhelo y su esperanza están expresados en una sola idea la cual aparece en Filipenses 1:20, que «Cristo [fuera] exaltado en [su] cuerpo, ya sea por vida o por muerte», como vimos más arriba. A Pablo le tenía sin cuidado si él vivía o moría con tal de que, en cualquiera de esos casos, él pudiera exaltar a Cristo. Pablo tenía claro que hay múltiples formas de vivir la vida. Algunas personas están interesadas en vivir una vida cómoda, de abundancia, sin dolor ni privaciones.

Pablo nos hace ver que él no tiene el menor interés en que su vida sea de una manera o de otra, siempre y cuando, esa manera termine exaltando a su Dios. Él no tenía expectativas de la vida como nosotros tenemos. Las expectativas que tenemos de la vida son las que nos llenan de amargura cuando no son satisfechas. Pablo nunca supo lo que era la amargura porque él, después de su conversión, nunca tuvo expectativas irreales o insatisfechas. Lo que sí Pablo tenía era una meta clara.

Alguien pudo haberle preguntado a Pablo «¿cómo quieres vivir o dónde quieres vivir?», y la respuesta hubiese podido ser algo como esto: «Esa no es mi preocupación; yo no vivo consumido por las preocupaciones que suelen atormentar a las personas. De hecho, mi preocupación es una que usualmente no preocupa a la mayoría de los creyentes, y es que mi vida exalte a Cristo».

Lo mismo podemos decir de su muerte. Pablo estaba consciente de que el ser humano puede morir de múltiples formas. Algunas personas desean morir de manera súbita, sin pasar por una experiencia de dolor, otros valoran morir rodeados de sus familiares o en la tierra que los vio nacer.

Pero una vez más, Pablo no estaba preocupado por la manera como él moriría, ni dónde, ni rodeado de quiénes. Su preocupación era otra y era la misma: ya sea que muriera o que viviera… él deseaba que Cristo fuera exaltado. Para pensar de esa forma, debemos valorar a la persona de Jesús por lo que Él es y por lo que ha hecho, y entonces llegaremos a la conclusión de que ciertamente Jesús es el hombre que lo merece todo.

El que lo ha hecho todo, todo merece

En el Evangelio de Lucas (4:14-22) encontramos un pasaje que nos ayuda a comprender la misión por la que Cristo vino. Ese solo pasaje nos permite ver por qué decimos que Jesús es el hombre que todo lo merece. En aquella ocasión en que Jesús visitó la sinagoga, Él dio a conocer Su misión de vida aquí en la tierra:

> *Jesús regresó a Galilea en el poder del Espíritu, y las nuevas acerca de El se divulgaron por toda aquella comarca. Y enseñaba en sus sinagogas, siendo alabado por todos. Llegó a Nazaret, donde se había criado, y según su costumbre, entró en la sinagoga el día de reposo, y se levantó a leer. Le dieron el libro del profeta Isaías, y abriendo el libro, halló el lugar donde estaba escrito: El Espíritu del Señor esta sobre mí, porque me ha ungido para anunciar el evangelio a los pobres. Me ha enviado para proclamar libertad a los cautivos, y la recuperación de la vista a los ciegos; para poner en libertad a los oprimidos; para proclamar el año favorable del Señor. Cerrando el libro, lo devolvió al asistente y se sentó; y los ojos de todos en la sinagoga estaban fijos en El. Y comenzó a decirles: Hoy se ha cumplido esta Escritura que habéis oído. Y todos hablaban bien de El y se maravillaban de las palabras llenas de gracia que salían de su boca, y decían: ¿No es éste el hijo de José?*

El Espíritu de Dios ungió a Jesús para una tarea específica: para anunciar el evangelio a los pobres. Esa es la frase principal que define Su misión en el texto de Lucas. Luego aparecen otras tres frases en el infinitivo del verbo que están subordinadas a la primera o que la califican. Y esas frases son:

- **para proclamar libertad a los cautivos, y la recuperación de la vista a los ciegos,**
- **para poner en libertad a los oprimidos,**

- **para proclamar el año favorable del Señor.**[53]

Esta vez, Jesús decide definir Su misión en términos de la proclamación de un mensaje para una audiencia aparentemente definida.

La palabra *pobre* en este contexto tiene más de una connotación. En primer lugar, se refiere a aquellos que:

- tienen menos,
- la sociedad muchas veces desprecia,
- son abusados por los que más poseen,
- tienen menos oportunidades,
- por tener menos, suelen estar más abiertos al evangelio.

Pero es evidente que, en el contexto de la misión de Jesús, la palabra *pobre* alcanza una connotación que va más allá de la pobreza material o, de lo contrario, la misión de Jesús hubiese estado limitada a un solo grupo social, y no fue así. La mayor pobreza del hombre no es material, sino espiritual. Si al final de tus días llegas a la condenación eterna habiendo dejado en este mundo tus cuentas bancarias llenas de dinero, comprenderás ciertamente a qué pobreza nos estamos refiriendo. Pero si llegas a la eternidad sin en centavo en la mano, al momento de entrar a la presencia de Dios descubrirás cuán rico eres, porque en ese instante comprenderás lo que significa ser coheredero con Cristo.

Para entrar al reino de los cielos, la persona necesita: reconocer su pobreza espiritual, admitir su ausencia de méritos, comprender que está en bancarrota moral delante de Dios y entender que su deuda está muy por encima de lo que él pueda pagar aun en toda la eternidad.

De hecho, si nuestras obras pudieran traducirse en papeletas, la mejor ilustración sería llamar a nuestras obras «dinero falso», porque

---

53. David E Garland; Clinton E. Arnold, Luke, *Exegetical Commentary of the New Testament* [Lucas, comentario exegético del Nuevo Testamento], edición Kindle, (Grand Rapids: Zondervam, 2012), posición 4389 de 26735.

es un billete que luce como uno verdadero, pero que carece de valor que lo respalde. Eso serían más o menos nuestras obras. De la misma manera que el dinero falso pasa una primera inspección, pero es detectado por el examen cuidadoso del experto, de la misma forma nuestras mejores obras pasan el escrutinio de los hombres, pero son detectadas bajo el escrutinio de Dios.

La mala noticia es que mis mejores obras no pasan el examen de nuestro Dios; la buena noticia es que Cristo vino a salvar a personas que entienden que sus obras son insuficientes. Si yo no lo entiendo así, Cristo no se encarnó para mí. Por eso, Cristo dijo, en otra ocasión en que le tocó definir Su misión, que Él no vino a llamar a justos, sino a pecadores (Mat. 9:13), como ya vimos anteriormente.

Ese día que Lucas narra, Jesús continuó definiendo Su misión; pero las tres frases siguientes dependen de esta primera de la cual ya hablamos y que tiene que ver con la proclamación del evangelio a los pobres:

El Espíritu de Dios está sobre mí […]. Me ha enviado para proclamar libertad a los cautivos, y la recuperación de la vista a los ciegos...

Es evidente que la libertad a los cautivos no representaba la libertad a los prisioneros porque, de ser así, la misión de Cristo hubiese sido un fracaso, ya que Él nunca liberó a nadie de una prisión. Pero Él sí liberó a muchas personas de las amarras del pecado. Las amarras del pecado son peores que las amarras de la mano o de los pies. Las amarras espirituales

- encadenan el alma,
- nublan el entendimiento,
- endurecen el corazón,
- destruyen tu vida y la de los demás y
- te llevan a hacer lo que no quieres y a no hacer lo que quieres, como proclamó Pablo en Romanos 7.

Si el cautiverio del alma no es resuelto en esta vida, al pasar a la próxima vida, el cautiverio empeorará. La peor noticia es que cada uno de los descendientes de Adán, ha nacido en cautiverio espiritual. Pero la mejor noticia es que si te consideras en cautiverio, Cristo vino para ti porque Él vino «**para proclamar libertad a los cautivos**».

Además, Él vino a proclamar «**la recuperación de la vista a los ciegos**». Una vez más, si bien es cierto que Cristo dio vista a algunos ciegos, no es menos cierto que el número de ciegos sanados en relación al resto de la humanidad es mínimo. Pero Cristo no solo vino para dar visión a algunos ciegos, sino que Él vino especialmente para dar vista a aquellos cegados por el pecado. Una y otra vez la Palabra habla de cómo el pecado ciega al hombre. Es así a tal punto que cuando el apóstol Pablo tuvo que explicar su misión o su llamado ante el rey Agripa, explicó con estas palabras lo que Dios le había comunicado el día que lo llamó, según lo registró Lucas en el Libro de los Hechos 26:16-18:

> *Pero levántate y ponte en pie; porque te he aparecido con el fin de designarte como ministro y testigo, no sólo de las cosas que has visto, sino también de aquellas en que me apareceré a ti; librándote del pueblo judío y de los gentiles, a los cuales yo te envío, para que abras sus ojos a fin de que se vuelvan de la oscuridad a la luz, y del dominio de Satanás a Dios, para que reciban, por la fe en mí, el perdón de pecados y herencia entre los que han sido santificados.*

Es notable cómo Pablo explica la misión que le fue encomendada: «... para que abras sus ojos a fin de que se vuelvan de la oscuridad a la luz, y del dominio de Satanás a Dios».

Dios une la ceguera espiritual con el cautiverio del pecado: «... **que se vuelvan de la oscuridad a la luz, y del dominio de Satanás a Dios**».

Cuando éramos inconversos, el pecado no nos dejaba ver lo que hoy nos parece obvio. El pecado oculta, minimiza, distorsiona, niega y cambia la realidad de nuestras acciones. La razón por la que vemos tan bien el pecado en otros hasta irritarnos, es porque el pecado del otro no nos ciega. Es el pecado en nosotros el que nos ciega hacia nosotros mismos. Phil Ryken en su cometario sobre el Libro de Lucas, dice:

> «El pecado es la causa más frecuente de ceguera a nivel mundial. Nos ciega hacia la Escritura: no vemos la verdad de la Palabra de Dios. Nos ciega hacia el pecado mismo: no vemos nuestra necesidad de perdón. Nos ciega hacia nuestro Salvador: no vemos la salvación que Cristo tiene que ofrecer. No vemos nada de eso hasta que Cristo viene y cura nuestra ceguera».[54]

La mala noticia es que todos hemos nacido ciegos; la buena noticia es que Cristo vino para devolver la vista a los ciegos.

Aquel día Cristo reveló algo más de Su misión. Él vino a **poner en libertad a los oprimidos**:

- **a los oprimidos por su propio pecado**... Para ellos, Cristo es el Redentor;
- **a los oprimidos por el pecado del otro**... Para ellos, Cristo es la Fortaleza en medio de la debilidad;
- **a los oprimidos por las enfermedades como fruto de la caída del hombre**... Para ellos, Cristo es el Sanador, en este mundo o en el venidero;
- **a los oprimidos por los poderosos**... Para ellos, Cristo es el Vengador;
- **a los oprimidos por la legalidad de los sistemas religiosos**... Para ellos, Cristo es la Fuente de agua viva;
- **a los oprimidos por los falsos maestros y las malas enseñanzas**... Para ellos, Cristo es el Camino, la Verdad y la Vida;
- **a los oprimidos por el deterioro moral de la sociedad**... Para ellos, Cristo volverá pronto y los llevará consigo.

---

54. Philip G. Ryken, Luke, *Reformed Expository Commentary, Volume 1* [Lucas, comentario expositivo reformado, volumen 1]; (Phillipsburg: P&R Publishing Company, 2009), 175.

Finalmente, la última frase que el Señor usó ese día para definir Su ministerio fue «**para proclamar el año favorable del Señor**».

Es una frase extraordinaria: «el año favorable del Señor». ¿Cuál es ese año? Las palabras que Jesús pronunció son una cita del profeta Isaías (capítulo 61) en el Antiguo Testamento; de manera que con toda probabilidad ese año favorable del Señor tenía algo que ver con alguna tipología del Antiguo Testamento. Muchos estudiosos de la Biblia piensan que esta frase hace referencia al año del jubileo en Israel. Dios había dispuesto que el pueblo trabajara la tierra durante seis años y luego, en el séptimo año, la dejara descansar. Durante ese año, la tierra no sería cultivada y todo el mundo podía comer libremente de la tierra. Dios se encargaría de proveer suficiente cosecha para ese año séptimo que no se iba a cultivar la tierra y también para el año octavo cuando la tierra comenzaría a ser cultivada otra vez. Pero junto con eso, se esperaba que el pueblo contara siete ciclos de siete años y en el año 49 se proclamara que el siguiente año, es decir el año 50, sería un año de jubileo. Esto era lo que se supone que debía pasar durante el año de jubileo descrito en Levítico 25:

a)   La tierra que había sido vendida por alguna necesidad volvería a su dueño. La tierra no podía ser vendida a perpetuidad. ¿La razón? Jehová es el dueño de toda la tierra;

b)   todas las deudas serían canceladas;

c)   si un israelita empobrecía tanto que no tenía dinero y quería venderse como esclavo, otro israelita podía tomarlo, pero no como esclavo, sino como jornalero y en el año del jubileo debía dejarlo ir. ¿La razón? Jehová redimió a Su pueblo de Egipto y Dios no quería que el pueblo que Él había librado de la esclavitud fuera esclavizado otra vez;

d)   en el año del jubileo, la tierra no se cultivaría y todo lo que produjera sería compartido sin costo con los siervos y siervas, con el jornalero y con el extranjero que viviera con los israelitas.

El año del jubileo era un año de libertad, de cancelación de las deudas, de reposo y de gozo.

Aquel día en la sinagoga, Cristo tomó el rollo, lo abrió en Isaías 61 y leyó el pasaje que registra Lucas 4:18-22 y que hemos estado comentando. Cristo no dejó ninguna duda de que este pasaje hacía referencia a Él, cuando agregó: «**Hoy se ha cumplido esta Escritura que habéis oído**». Con esto Jesús dejó claro que Él es el Mesías prometido y el cumplimiento del año del jubileo. Más aún, que Él es el que perdona nuestros pecados y quien nos liberta para siempre de la esclavitud del pecado.

Cristo estaba ofreciendo la más grande emancipación: la emancipación del alma para siempre, sin posibilidad de regresar al cautiverio, porque aquel al que el Hijo del hombre hace libre es verdaderamente libre.

De la misma manera que en el año del jubileo el esclavo recobraba su libertad y el que había vendido su tierra la recuperaba, de esa misma manera, en Cristo comenzamos a recobrar:

- todo el tiempo perdido,
- todo el gozo perdido,
- todas las esperanzas perdidas,
- todas las oportunidades perdidas,
- todas las bendiciones perdidas.

En Él está nuestro gozo. ¡En Él está la vida!

Es aún más extraordinario porque el Señor leyó Isaías 61:1-2, pero no mencionó la frase final del versículo 2, que dice: «… para proclamar el año favorable del Señor, y el día de venganza de nuestro Dios…». Jesús se detuvo en la frase que lo declaraba a Él como el año favorable y dejó fuera el día de venganza de nuestro Dios. Simplemente, porque la venganza no es para esta primera venida, sino para la próxima. Hoy es el año favorable del Señor, el año de la gracia y la misericordia; es el año de la oportunidad de arrepentimiento.

El apóstol Pablo entendió esto perfectamente y vivió para darlo todo por el Señor.

Para mí el vivir es Cristo

Filipenses 1:21 quizás sea uno de los versículos más recordados, pero menos vivido: «**Pues para mí, el vivir es Cristo y el morir es ganancia**». Notemos cuán personal es esta afirmación: «**para mí**». Pablo no dice «para nosotros los cristianos», o «para el pueblo de Dios», o «para todo el que cree», sino que Pablo declara «para mí». Es como si dijera: «Yo no sé cómo es para el resto de los creyentes; pero yo sí tengo claro mi propósito de vida y la razón por la que yo me levanto cada mañana... Es Cristo y Su gloria».

Exaltar a Cristo como Pablo menciona en Filipenses 1:20 es hacerlo más grande ante los ojos de los demás. Alguien podría decir que eso es imposible, pero yo afirmo que eso no solo es posible, sino que ese es nuestro llamado de por vida. Todos nosotros tenemos una idea o una imagen disminuida acerca de la persona de Jesús, al igual que tenemos una imagen disminuida del tamaño de los astros que vemos en el cielo y en ambos casos, eso se debe a que no vemos como deberíamos. Si salimos a un espacio abierto durante una noche estrellada y tomamos un telescopio, podremos ver los astros de una mejor manera y de una forma aumentada. El telescopio no agiganta el tamaño de los astros, simplemente, aumenta la percepción que tenemos de ellos. De la misma manera, cuando glorificamos a Cristo con nuestra vida mostrando confianza en cada circunstancia, descansando en Su control soberano, creyendo en Su carácter bondadoso, estamos contribuyendo a que los demás puedan percibir a un Dios más grande del que han conocido.[55] Todavía no lo podemos percibir en toda Su dimensión, como tampoco el telescopio nos permite percibir los astros en su justa medida, pero nos ayuda. La Biblia es nuestro telescopio por excelencia. Las vivencias de una persona como Pablo, por ejemplo, nos sirven de telescopio secundario, porque nos permiten ver a un Dios más grande por la manera como se hizo presente a lo largo del ministerio del apóstol. La idea de Dios que Jonás proyectó a los demás

---

55. Warren Wiersbe, Philippians, The Bible Expositor Commentary [Filipenses, comentario expositivo de la Biblia] (Wheaton: Victor Books, 1989), 69.

no es la idea que Job proyectó hacia sus amigos, sobre todo hacia el final de la historia, y mucho menos la idea de Dios que Pablo proyectó a otros mientras vivió.

Cuando Pedro fue libertado de la cárcel mediante las oraciones de los santos, Cristo fue exaltado por los hermanos que estaban reunidos orando por él. Cuando Jacobo fue decapitado en la cárcel por no negar su fe, su valor y confianza en el evangelio redundaron en la exaltación de Cristo (Hech. 12). Por eso, Pablo expresa su deseo de exaltar a Cristo en su cuerpo, «ya sea por vida o por muerte». Algunos dirán: yo no entiendo por qué Dios permite que los santos sufran si de verdad son Sus hijos. Podemos responder a ese argumento de varias maneras:

- Con las palabras atribuidas a C. S. Lewis:
Ante la pregunta ¿por qué sufren los justos?, él respondió: «¿Por qué no?, solo ellos lo pueden soportar».

- Con las palabras de Oswald Chambers:
«El sufrimiento es la herencia del malo, del que se arrepiente y del Hijo de Dios. Cada uno termina en su cruz. El ladrón malo fue crucificado, el ladrón arrepentido fue crucificado y el Hijo de Dios fue crucificado. Por medio de estas señales conocemos la amplia distribución del sufrimiento».[56]

- Con las palabras de Agustín:
«Dios tuvo un Hijo sin pecado, pero ninguno sin sufrimiento».[57]

Los hijos de Dios que han llegado a entender la cruz de Cristo, hicieron de Cristo su motivación de vida. El egocentrismo humano solamente es destruido cuando se logra comprender cuánto se pagó

---

56. Oswald Chambers, *Christian Disciplines: Building Strong Character through Divine Guidance, Suffering, Peril, Prayer, Loneliness, and Patience* [Disciplinas cristianas: Desarrollar un carácter fuerte a través de la orientación divina, el sufrimiento, el peligro, la oración, la soledad y la paciencia] (Grand Rapids: Discovery House Publishers,2010), 765, Loc 780 de 3234.
57. Citado por John Koessler en *God our Father* [Dios nuestro Padre] (Chicago: Moody Press, 1999), 122.

por la redención de mi vida para heredar el reino de los cielos. Aun si pensamos cuánto ha sufrido la Iglesia de Cristo para llegar hasta donde estamos, esa sola idea podría cambiar radicalmente la forma como pensamos acerca de nuestra manera de vivir. Un verdadero entendimiento del evangelio resultará en una entrega mayor a la persona de Jesús. Esa es la única razón por la que el apóstol Pablo pudo escribir en su Epístola a los Filipenses:

> *Pues para mí, el vivir es Cristo y el morir es ganancia. Pero si el vivir en la carne, esto significa para mí una labor fructífera, entonces, no sé cuál escoger, pues de ambos lados me siento apremiado, teniendo el deseo de partir y estar con Cristo, pues eso es mucho mejor; y sin embargo, continuar en la carne es más necesario por causa de vosotros. Y convencido de esto, sé que permaneceré y continuaré con todos vosotros para vuestro progreso y gozo en la fe* (Fil. 1:21-25).

Lo que Pablo sentía con relación a su vida fuera de la prisión no era diferente de lo que él sentía estando dentro de la prisión, siempre y cuando el evangelio de Cristo fuera predicado (Fil. 1:12-14). Pocas personas han logrado comprender cómo un hombre puede

- tener el **mismo deseo** de partir de este mundo como de quedarse (Fil. 1:22-24),
- tener la **misma esperanza** rodeado de sus amigos que abandonado por ellos (2 Tim. 4:9-18),
- tener la **misma intensidad** de vida al comienzo de su carrera cristiana que al final, después de haber sufrido física, emocional y espiritualmente (2 Tim. 4:1-8).

Para aquellos que no han entendido cómo eso es posible, este solo versículo lo explica todo: «Pues para mí, el vivir es Cristo y el morir es ganancia». Creo que estas palabras están en esta epístola para ayudarnos a entender cómo vivir la vida que Dios nos ha entregado y cómo contender en la vida de una manera que glorifique a Cristo porque Él lo merece todo.

La gratitud por lo que Cristo ha hecho motiva nuestra manera de vivir

Al inicio de la Epístola a los Filipenses, Pablo se identifica junto con Timoteo con el título de siervo (*doúlos* en el original). El Diccionario teológico del Nuevo Testamento [Theological Dictionary of the New Testament] de Rengstorf, dice que *doúlos* tiene una sola traducción: «describe el estatus de un esclavo o la actitud propia de un esclavo».[58] Esas dos palabras, siervos y esclavos, no significan lo mismo. John MacArthur tiene razón al decir que los siervos se contratan, mientras que los esclavos se poseen.[59] Un esclavo no tiene voluntad propia, vive para su amo y su único motivo de vida es servir a su amo.

Pablo tiene claro que Dios no lo contrató, sino que Dios lo compró y pagó un precio de sangre. Pero el precio que Dios pagó por Pablo y por cada uno de nosotros es muy superior al salario que cualquier siervo pueda recibir. De manera que, por un lado, al pensar en nosotros como esclavos de Cristo, tenemos que recordar que un esclavo le pertenece a su amo; no tiene derechos ni puede hacer reclamaciones y vive para ese amo. Sin embargo, no hay empleado, ni ejecutivo, ni aun dueños de compañía, en todo el mundo, que posea mejores beneficios, condiciones o garantías que las que tenemos nosotros como esclavos de Cristo. Pedro nos recuerda en 1 Pedro 2:9 que somos pueblo-adquirido para posesión de Dios. Como propiedad de Dios, nunca nos faltará nada; nunca nadie podrá dañarnos porque estamos bajo Su protección; por ser esclavos de Dios estamos sentados a la diestra del Padre en Cristo; de manera que no hay ni habrá «VIP» que pueda sentarse a un nivel más alto que uno de los esclavos de Dios. Ser esclavo de Cristo es un honor y no una obligación o un fastidio. Es un privilegio pertenecer a alguien

---

58. Citado por John MacArthur, en *Slaves* [Esclavos] (Nashville: Thomas Nelson, 2011), 16.

59. *Ibíd.*

que derramó Su sangre para perdón de mis pecados para llevarme de la vergüenza a la gloria. Especialmente cuando consideras que para hacer esto, Cristo tuvo que venir de la gloria a la vergüenza.

Para Pablo, Cristo era su norte en el camino, su motivación de vida, el deleite de su mente, su esperanza en el presente, su certidumbre en la adversidad, su consuelo en el dolor, su aprobación en los rechazos, su compañía en las prisiones y su aspiración en su muerte.

Cuando nacimos, nuestros padres nos entregaron una vida terrenal, y nos enseñaron a vivir esa vida. Lamentablemente, al venir a los pies de Cristo, muchas veces queremos vivir la vida eterna que Dios nos entregó de acuerdo a los **principios, preceptos y mentiras** de la vida terrenal que nuestros padres nos entregaron. Por eso, cuando leen la vida de Pablo, muchos dicen una y otra vez que no logran comprender cómo este hombre lo hizo. Pero ahora podemos entenderlo.

Bajo la inspiración del Espíritu Santo, Pablo logró **resumir de una forma extraordinaria su propósito de vida.** Muy pocas personas han logrado hacer esto de una forma clara y del conjunto de personas que se tomaron el tiempo de redactar un propósito de vida, un porcentaje más reducido aun ha logrado vivir conforme a lo descrito. Ese no fue el caso de Pablo. Si hay algo que apreciamos de este hombre es que sus palabras y su vida fueron congruentes. Ahora cuando Pablo escribe su Epístola a los Filipenses, él no puso por escrito algo que esperaba poder hacer. ¡No! Él puso por escrito algo que ya venía viviendo desde el mismo momento en que su vida fue interceptada camino a Damasco. El apóstol está definiendo aquí la manera como él venía viviendo sin ser afectado por las circunstancias a su alrededor.

No podemos olvidar que en Filipenses 1:17, Pablo nos ha hablado de un grupo de personas, aparentemente creyentes, que estaban **predicando a Cristo por envidia y rivalidad y por razones de ambición personal.** Y en ese momento cuando la verdad estaba siendo comprometida, Pablo traza la línea en la arena y se define con una claridad extrema y afirma: «Para mí, el vivir es Cristo». Pablo suena como Josué cuando confrontó al pueblo que había estado sirviendo a dioses ajenos y los obligó a definir cómo vivirían y les dijo: «**Escoged**

hoy a quién habéis de servir [...] pero yo y mi casa serviremos al Señor». Ese «yo» de Josué luce muy parecido al «para mí» de Pablo. Ambos hombres estaban definiendo con claridad sus convicciones en momentos cuando la verdad estaba siendo comprometida.

Cuando Pablo dice: «Para **mí, el vivir es Cristo y el morir es ganancia»,** es como si él estuviera diciendo:

- Él es la base o el fundamento de todo lo que hago;
- Él es el eje sobre el cual gira toda mi vida;
- Él es mi propósito, mi dirección, mi visión;
- Él es el significado y la meta de mi vida.

Cuando Cristo interceptó la vida de Pablo, todas las ideas, proyectos, agendas, propósitos y planes del apóstol fueron interceptados, cambiados y transformados para siempre. Desde ese momento en adelante, Pablo pasó a vivir una vida empoderada por Cristo, transformada por Cristo, dirigida por Cristo y consagrada a Cristo.

Cuando vives de esa forma, cada momento de tu existencia, cada experiencia de tu vida, y cada circunstancia es evaluada en base a cómo afecta, o no, tu relación con Cristo o la causa de Cristo.

Esa forma de pensar no solo simplifica nuestra vida, sino que la coloca en otro nivel, en otra dimensión y en otra dirección.

Entender todo cuanto Cristo hizo por nosotros nos lleva a vivir una vida agradecida hasta el punto de darlo todo por Cristo. Quizás una de las palabras más frecuente en las cartas de Pablo sea la palabra «gracias». Según *La Biblia de las Américas*, el apóstol la usa 43 veces. Y esa palabra gracias es recurrente en las cartas que Pablo escribió desde una prisión. Se piensa que el apóstol escribió cuatro de sus cartas desde la cárcel: Efesios, Filipenses, Colosenses y Filemón. La palabra gracias aparece: una vez en Filemón, dos veces en Filipenses, tres veces en Efesios y cuatro veces en Colosenses.

Si tomamos toda la Biblia en la versión de las Américas, veremos que la palabra gracias se utiliza 144 veces. De esas 144 ocasiones, aparece en las cartas paulinas 43 veces, es decir el 30 %; y de estas, diez veces aparecen en las cartas que él escribió desde la prisión, que son de las cartas más breves. De manera que ni las persecuciones, ni las injurias, ni los insultos, ni las prisiones pudieron cambiar el corazón agradecido del apóstol Pablo.

Ahora, si para Pablo Cristo llegó a ser su vivir, eso implica que antes de Cristo, Pablo no estaba viviendo. Así fue. Pablo estaba muerto, aunque creía que estaba vivo; sus obras eran obras muertas porque no le ganaron ningún mérito como él pensaba; su esfuerzo no contaba porque no obedecía a un propósito eterno y su mente estaba en la oscuridad.

Recordemos que la Biblia nos enseña que cuando nosotros nacemos en este mundo, nacemos muertos; muertos en delitos y pecados. Nuestra vida es más bien una sombra, más que la realidad misma. Es como ver la sombra de una persona proyectada sobre una pared y creer que la sombra es la persona. Muchos están viviendo más bien la sombra de sus vidas. La sombra que mi persona proyecta sobre una pared al pasar frente a una luz representa una realidad, pero no es la realidad; por eso la sombra en sí misma no tiene propósito, ni dirección; y así es la vida de muchos.

Otros han sido traídos a la vida por Cristo y después de haber recibido vida eterna, en vez de vivir de acuerdo a la visión y a los valores de la vida eterna, continúan viviendo conforme a los valores de este mundo temporal. Vivir una vida eterna conforme a propósitos temporales es una contradicción. Vivir una vida eterna conducida conforme a los propósitos terrenales disminuye la calidad de la vida recibida. Vivir una vida eterna con los ojos puestos en este mundo es como volar mirando hacia el terreno que quedó abajo.

Cuando Cristo pasa a ser el eje sobre el cual gira nuestra vida, la frecuencia de nuestras quejas merma significativamente porque comenzamos a reconocer que las cosas de las que nos quejamos en esta vida temporal son las mismas que Cristo usa para conformarnos a una vida a la altura de nuestro llamado. En Efesios 3, Pablo habla de vivir una vida digna de nuestro llamado. La palabra allí en el griego es *axios* que se usaba originalmente para referirse a una balanza bien equilibrada. El peso que estuviera de un lado debería ser igual al peso que estuviera del otro lado. Con el tiempo, la palabra pasó a usarse para hacer referencia a algo que podía corresponderse igualmente con otra cosa. Por eso cuando Pablo habla de que vivamos de una forma que sea digna de nuestro llamado (Ef. 4:1), se está refiriendo a que si nuestro llamado fue dado por Dios, debemos vivir como Sus siervos. Si este es un llamado soberano, entonces no deberíamos cuestionar Sus designios. Y si es un llamado santo, entonces deberíamos vivir a la altura de esa santidad, de manera que nuestro vivir sea digno del Dios que representamos.

La idea es que si ponemos nuestro llamado en un platillo de la balanza, y Dios pone nuestro vivir en el otro platillo, esa balanza debería permanecer perfectamente equilibrada. Dios toma nuestro llamado muy en serio porque es un llamado con características especiales, y Él espera que nuestro vivir esté a la par de nuestro llamado.

Cristo define y prioriza nuestra vida por ser quien Él es

Pablo expuso esta idea en el siguiente texto:

> *Pero si el vivir en la carne, esto significa para mí una labor fructífera, entonces, no sé cuál escoger, pues de ambos lados me siento apremiado, teniendo el deseo de partir y estar con Cristo, pues eso es mucho mejor; y sin embargo, continuar en la carne es más necesario por causa de vosotros* (Fil. 1:22-24).

Este pasaje, más que cualquier otro en las cartas de Pablo, nos permite conocer el verdadero corazón de este hombre. Aquí vemos con claridad la forma de pensar del apóstol de Cristo designado para la defensa del evangelio y para la evangelización de los gentiles. Y así vemos cómo él considera sus dos opciones y nos da su parecer. En primer lugar, dice Pablo, está su más profundo deseo que es partir y estar con Cristo. Él define esa opción en el versículo 23, como «mucho mejor». Esa es la mejor de las opciones. El problema de Pablo no era decidir lo que era mejor. El estar con el Señor no tenía punto de comparación para él. Pero como sabía que no se trataba de él, Pablo se sentía presionado por el otro lado, con el deseo de permanecer, no por su causa, sino a causa de los filipenses, porque si permaneciendo iba a obtener una labor fructífera entre ellos, él podría preferir quedarse incluso en contra de sus deseos. Este es un hombre que ha renunciado por completo a sus más profundos deseos por amor a Cristo.

La meta de Pablo no era «lo más conveniente». La idea no era vivir de una manera que pusiera fin a sus sufrimientos. Su vivir no era motivado por «lo más práctico».

Pablo estaba diciendo: «yo estoy dispuesto a posponer mi más profundo deseo y aspiración que es estar con Cristo, si esa decisión va a resultar en beneficio de vuestras almas». El apóstol deja ver ese sentir por las almas redimidas en más de una de sus cartas. Mira lo que les dice a los corintios: «Y yo muy gustosamente gastaré lo mío, y aun yo mismo me gastaré por vuestras almas…» (2 Cor. 12:15a). Este es uno de mis versículos preferidos. Cuando Pablo habla de gastarse, no está hablando simplemente de trabajar para él, sino que está haciendo referencia al trabajo arduo y agonizante al que él hace alusión en más de una ocasión a favor de las ovejas del Buen Pastor.

Este hombre estaba dispuesto a darlo todo por amor a Cristo y por amor a las ovejas. Muchas veces se nos olvida que amar a Cristo es amar a Sus ovejas.

Finalmente, Pablo cierra la idea en este pasaje con las siguientes palabras:

> *Y convencido de esto, sé que permaneceré y continuaré con todos vosotros para vuestro progreso y gozo en la fe* (Fil. 1:25).

Dios había convencido a Pablo de que aún tenía trabajo que hacer aquí en la tierra. Él está gozoso de hacerlo porque, como bien dice al final del versículo 25, él quiere ver «… vuestro progreso y gozo en la fe». Pablo quiere ver que las ovejas de Cristo progresen, avancen, maduren; pero que lo hagan con gozo. Si el cristiano no es capaz de tener gozo en este mundo, nadie lo podrá hacer.

Conclusión

Jesús es merecedor de toda nuestra vida, no solo porque Él fue el agente Creador del universo (Juan 1:1-3) y Él es el Sustentador de todas las cosas, sino también porque todas las cosas fueron creadas para Él (Col. 1:16-17). Además, a todo lo anterior podemos agregar que Jesús lo merece todo porque Él lo dio todo en rescate por mi vida y por la vida de cada redimido. Su entrega y Su ejemplo deberían destruir cualquier argumento a favor de que nosotros retengamos algo de nuestra vida para nosotros mismos. Padres y madres han sabido dar su vida para proteger a sus hijos y esas acciones nobles hablan del profundo amor de estos padres hacia aquellos a quienes trajeron al mundo. Sin embargo, eso es nada en comparación con el amor del Hijo de Dios por aquellos que en otro tiempo éramos enemigos de Dios.

El egocentrismo del ser humano impide ver que la entrega absoluta de nuestra vida a nuestro Redentor debería ser natural. Vivir de esa manera nos lleva a pecar y el pecado nos ciega a nuestra realidad. Muchos hombres y mujeres han sabido dar su vida por su nación y, sin embargo, muchos hijos de Dios se resisten a dar toda su vida a su Dios. Al final de este capítulo y casi finalizando el libro, piensa otra vez en la condición en la que Cristo te encontró y en la condición en la que te encontrarás al entrar en la gloria. Luego piensa en la condición exaltada en la que Cristo se encontraba antes de encarnarse, y en la condición en la que terminó en la cruz. Luego, pregúntate: ¿debo yo darlo todo a Cristo? ¿Tiene sentido decir que Cristo lo merece todo? Si no es Él quien lo merece todo, ¿quien lo merece?

Preguntas

1. ¿Qué cambios ha experimentado la sociedad en los últimos tiempos que dificultan que el creyente entienda y acepte que Jesús lo merece todo?

2. ¿Cuáles son algunos de los ídolos más frecuentes que compiten con el señorío de Cristo?

3. ¿Hay algún área de tu vida donde pienses que el señorío de Cristo no está presente?

4. ¿Hay alguna manera de vivir el año del jubileo continuamente hoy?

5. ¿Puedes pensar de qué manera Cristo cambió tu vida cuando Él la interceptó, como ocurrió con Pablo?

CAPÍTULO 20

¿POR QUÉ JESÚS Y NO OTROS DIOSES?

«Jesús le dijo: Yo soy el camino, y la verdad, y la vida; nadie viene al Padre sino por mí».

JUAN 14:6

Encontrar respuesta al cuestionamiento de «¿por qué Jesús y no otros dioses?» es de importancia capital para todo aquel que ande en busca de la verdad, sobre todo porque en medio de una sociedad pluralista como la que nos rodea en la actualidad todas las ideas y todos los conceptos parecen tener la misma aceptación. La sociedad pluralista se define como aquella en la que la multiplicidad de ideas y conceptos pueden coexistir libremente y en la que el Estado protege el derecho a la libre expresión y a la libre aplicación de esos conceptos.

En medio de la sociedad del siglo XXI sobreabundan las definiciones, las ideas y los conceptos en torno a la persona de Jesús, lo que ha dado lugar a través del tiempo a que muchas personas hayan sido confundidas. De ahí la importancia de establecer la verdad. En medio de ese pluralismo teológico existen tres posiciones relativas a Cristo y al cristianismo.

1. La posición pluralista, que acepta que todas las religiones son igualmente válidas. En este sentido aclaramos que no es lo mismo decir que todo el mundo tiene el derecho de profesar la religión que quiera (con lo que sí estamos de acuerdo), a decir que todas las religiones son igualmente válidas.

2. La posición inclusivista, que establece que, aunque Cristo es alguien especial, no es la única verdad, que hay otras igualmente válidas. De ser así, podríamos ser «cristianos» e hinduistas al mismo tiempo, porque el aceptar a Cristo no excluiría a otros dioses. O podríamos creer que todos los líderes religiosos a fin de cuentas han revelado diferentes caminos de llegar a Dios.

3. La posición exclusivista, que rechaza toda otra creencia o religión contraria a la fe cristiana y que defiende a Cristo como la única verdad. Cristo mismo dijo: «Yo soy el camino, y la verdad, y la vida; nadie viene al Padre sino por mí» (Juan 14:6).

¿Por qué el cristianismo es exclusivista?

El cristianismo parte del principio de que toda verdad es única y exclusiva. Por ejemplo, si una ley física establece que dos cuerpos no pueden ocupar el mismo lugar en el espacio, al mismo tiempo, lógicamente un cuerpo está excluyendo al otro. Del mismo modo, si la luz viaja a 300 000 km/s, esta velocidad excluye todas las demás velocidades posibles. ¿Por qué? Porque esa es la verdad y no puede haber dos verdades. Por lo tanto, el cristianismo es exclusivista porque sabe (no simplemente cree) que tiene la verdad revelada por Dios.

Hoy día está muy «de moda» decir que todas las religiones son iguales y que llevan al mismo lugar, lo cual es un absurdo a la luz de toda lógica. La única religión que en su doctrina establece que las religiones son todas «iguales» y que ellas son solo expresiones diferentes del hombre es la religión bahai, pero esto no es lógicamente congruente. Las religiones difieren en gran manera en muchos de sus conceptos fundamentales:

- Dios
- El origen del ser humano
- Lo que es bueno o malo
- El cielo
- El pecado
- Satanás

- La gloria
- La salvación
- El propósito de la vida

Dado todo esto, es descabellado pensar que religiones que difieren en conceptos tan esenciales como estos pudieran todas llevar al mismo lugar. Pero hay, además, otras consideraciones para negar la posibilidad de que todas las religiones sean iguales.

Consideremos estas tres observaciones:

- El budismo nació como un rechazo al hinduismo.
- El islamismo rechaza al budismo y también al hinduismo.
- El cristianismo rechaza a las tres.

¿Cómo se puede decir entonces que todas las religiones son iguales?

Para afirmar esto tenemos que ser inocentes, ilógicos o ignorantes de lo que afirman las demás religiones. Una de las acusaciones que se les hace a los cristianos es que son «cerrados» porque no aceptan otra religión. Ante una expresión como esa, la respuesta más adecuada sería: «¿Cuál es la diferencia entre tú y yo, si yo no acepto la tuya y tú no aceptas la mía? En este caso tú serías igual de cerrado porque también estarías siendo exclusivista al excluir mi posición».

El individuo promedio de nuestra sociedad no cree que existan valores absolutos, y por eso él piensa que todas las religiones son igualmente válidas. La próxima vez que te encuentres con alguien que no crea en valores absolutos, pregúntale a esa persona si está absolutamente seguro de lo que dijo. Si lo está, él o ella acaba de afirmar un absoluto, y con esto ha derribado su propia posición.

La ley de la no contradicción

Lo que le da autenticidad a un personaje, a un movimiento, a una historia y sobre todo a una religión, lo que la hace confiable y creíble, es que no viole la ley de la no contradicción. La ley de la no contradicción establece que dos aseveraciones contrarias no pueden ser ciertas si son dichas en un mismo sentido y en un mismo tiempo. Por ejemplo, si alguien le pregunta a mi esposa dónde vivimos y ella responde que en República Dominicana y yo respondo que en Puerto Rico, ambos no podemos estar diciendo la verdad. Las religiones no cristianas están plagadas de contradicciones y esto es bien demostrable. Existen cuatro preguntas claves que debemos hacernos para encontrar las contradicciones en cualquier religión, y estas son algunas de ellas:

1. ¿De dónde vengo? **Origen**
2. ¿Para qué estoy aquí? **Propósito**
3. ¿Qué es bueno o malo? **Moralidad**
4. ¿Hacia dónde voy al final? **Destino**

Análisis de las contradicciones

Budismo	
Origen	El hombre surge a partir de un proceso evolutivo. El budismo deja sin explicar el comienzo y el fin del hombre y del universo. Si no sé de dónde vengo, tampoco puedo saber qué hago aquí.
Propósito	Liberar al hombre de sus prisiones. Esas prisiones están representadas por los deseos egoístas de los hombres. Para una gran parte del budismo, no hay un verdadero Dios; es una religión atea. ¿Para qué lograr esta «liberación» si al final de mi vida todo acaba ahí? Mejor sería vivir la buena vida.
Moralidad	Aunque el budismo habla de los deseos egoístas del hombre, los cuales lo mantienen en prisión, no existe en el budismo una forma objetiva de definir lo bueno y lo malo. No hay Dios; por tanto no hay estándar por el cual se pueda establecer cuáles son los deseos egoístas del hombre. Existe la idea de que hay que hacer el bien a todo el mundo, pero ¿cómo definir el bien en ausencia de Dios y de un estándar?
Destino	Salir de sus prisiones siguiendo ocho pasos de liberación. Algunos creen en la reencarnación. Otros creen que lo que se reencarna son los deseos, cosa imposible porque los deseos no son entidades que se puedan reencarnar. Solo algunos llegan a alcanzar lo que ellos llaman el Nirvana, un estado o condición del individuo cuando ya se ha liberado de los deseos egoístas de la carne. ¿Cómo sé que estoy en prisión si no hay un estándar por el cual medir lo que es libertad? Y después de alcanzar el Nirvana, ¿entonces qué? Mueres y ahí se acabó todo.

Hinduismo	
Origen	Una parte del hinduismo es panteísta, lo que significa que todo es Dios: yo soy dios, tú eres dios y una piedra es dios. Esto implica que el mundo, con todo lo bueno y lo malo, es una extensión de Brahma. Todo es parte de él. En este caso Brahma tendría que ser bueno y malo al mismo tiempo, limitado e ilimitado, eterno y temporal. Si la creación es parte de Brahma, Brahma necesita de su creación para estar completo; es un ser dependiente. Por lo tanto, queda descalificado como Dios. La otra posición dentro del hinduismo es que el mundo es una ilusión de Brahma, su dios. Es decir, nada existe, nadie existe. Por lo tanto, el mundo es una ilusión. La gran contradicción está en ¿por qué se preocupan ellos entonces? Si al cruzar la calle, por ejemplo, me atropella un carro, si yo soy solo una ilusión y el carro también es una ilusión, ¿por qué preocuparme por el accidente? (*) Ver ilustración.
Propósito	El hinduismo panteísta es reencarnacionista; se vive para purificarse a través del «karma»; es decir, se vuelve a la tierra para pagar lo que hayamos hecho en el pasado. Para aquellos que creen que solo somos una ilusión o sueño de Brahma, entonces no hay propósito en la vida porque ellos no existen.
Moralidad	Para muchos hinduistas lo malo o lo bueno no existe porque somos solo una ilusión. Como ilustración, ¿por qué debo preocuparme cuando alguien me quiere dejar caer una taza de agua caliente encima? Si en definitiva «eso no está ocurriendo»; o ¿para qué dar anestesia a un paciente al hacer una cirugía? El uso de la anestesia sería una contradicción. Para otros hinduistas, lo malo que alguien sufre es consecuencia de su mal karma; es merecido. ¿Para qué entonces tener compasión? Pero hay hinduistas compasivos. El hinduismo no pasa la prueba de la práctica porque, como muestran estos dos ejemplos, hay una contradicción entre la práctica y lo que profesa la religión.

Destino	En el hinduismo, al final de múltiples reencarnaciones, se llega al estado máximo de perfección. Es entonces cuando se produce la unidad total con Dios. Nueva contradicción, si solo soy ilusión, ¿cómo puedo hacerme uno con Dios?

(*) Ilustración:

En el hinduismo, si un niño pregunta a su padre: «¿De dónde vengo?». El padre regularmente responde con algo como esto: toma una fruta y luego le pregunta: «¿Qué es esto?». El niño responde: «Una fruta». El padre corta en dos la fruta: «Y ahora, ¿qué ves?». «La pulpa», responde el niño. Luego el padre quita la pulpa: «¿Qué ves?». «La semilla», responde el niño. El padre corta la semilla y pregunta de nuevo: «¿Y ahora qué ves?»

«Nada, no hay nada dentro». Entonces el padre concluye diciendo: «De esa nada salió la semilla; de esa nada salimos todos y esa nada la compartimos con el universo» (ilustración del profesor Ravi Zacharias en uno de sus mensajes).

Esta historia, muy propia de este sistema religioso, es totalmente contradictoria porque la primera ley de la termodinámica establece que «de la nada, nada sale».

Islamismo	
Origen	Alá creó el universo
Propósito	Solo Alá sabe para qué estoy aquí. Alá lo decide todo de forma arbitraria. Por lo tanto, nadie tiene ni siquiera idea del propósito de su propia vida. No sé para qué vivir entonces.
Moralidad	Alá define de manera arbitraria lo que es bueno y lo que es malo. Por tanto, no sé exactamente cómo debo vivir. Es una religión fatalista.

Destino	Se enseña que hay un cielo y un infierno, que al final se sopesarán tus obras y por ellas te salvas o te condenas. Tus obras te salvan. Pero la realidad es que nuestras obras nunca califican para llenar la perfección de Dios.

Cristianismo	
Origen	Fuimos creados por Dios. **Génesis 1:26a:** «Y dijo Dios: Hagamos al hombre a nuestra imagen, conforme a nuestra semejanza…». **Efesios 2:10a:** «Porque somos hechura suya, creados en Cristo Jesús…».
Propósito	Fuimos creados para un propósito definido. **Efesios 2:10b:** «[P]ara hacer buenas obras, las cuales Dios preparó de antemano para que anduviéramos en ellas».
Moralidad	**Éxodo 20:** la ley moral fue revelada por Dios en los Diez Mandamientos y a lo largo de la Biblia. Por eso, hay un estándar definido de lo que es bueno o malo y de quién establece el estándar. **2 Corintios 5:10:** «Porque todos nosotros debemos comparecer ante el tribunal de Cristo, para que cada uno sea recompensado por sus hechos estando en el cuerpo, de acuerdo con lo que hizo, sea bueno o sea malo». Hay un juez y una ley moral.
Destino	**Juan 3:36:** «El que cree en el Hijo tiene vida eterna; pero el que no obedece al Hijo no verá la vida, sino que la ira de Dios permanece sobre él». El infierno está reservado para aquellos que llegan al final de su vida habiendo rechazado a la persona de Cristo.

Conclusión

La fe cristiana responde a las cuatro preguntas fundamentales, cuyas respuestas congruentes le dan autenticidad a una religión de una forma coherente y no contradictoria. De ahí por qué Jesús y no otros dioses.

- Recuerda siempre que toda verdad es exclusiva por definición.
- Cuando alguien acuse al cristianismo de ser exclusivista porque no acepta otras posiciones, explica a quien te cuestione que él o ella está siendo tan exclusivista como tú por no querer aceptar tu posición.
- No te dejes intimidar por aquellos que te llaman exclusivista. Jesús ya lo dijo: «Nadie puede venir a mí si no lo trae el Padre que me envió...» (Juan 6:44).
- Levántate y defiende el estándar de Dios, pero «hacedlo con mansedumbre y reverencia» (1 Ped. 3:15).

Preguntas

1. Define el concepto de una sociedad pluralista.

2. ¿Por qué decimos que el cristianismo es exclusivista?

3. ¿Cómo responderías a aquellos que dicen que todas las religiones son iguales y que llevan a un mismo lugar?

4. ¿Cómo responde el cristianismo a las cuatro preguntas claves: ¿de dónde vengo?, ¿para qué estoy aquí?, ¿qué es bueno o malo? y ¿hacia dónde voy al final?

5. Después de leer este capítulo, ¿qué respuesta darías al argumento de que todas las religiones llevan al mismo Dios?

JESÚS, UN HOMBRE DE CONTRASTES

«En Él vemos la uniforme armonía y simetría de la gracia: Su amor por Dios y el hombre, Su dignidad y humildad, Su fuerza y Su ternura, Su grandeza y sencillez, y Su autocontrol y sumisión. Es la absoluta perfección del carácter de Cristo lo que lo hace un milagro moral en la historia».

PHILIP SCHAFF

Al estudiar la vida de Jesús nos encontramos con una serie de contrastes o paradojas que se conjugan en Su persona de una forma singular. Algunos de estos contrastes son tan marcados y tan llenos de enseñanzas que vale la pena revisar algunos de los más importantes.

Cuando comparamos al hombre con el resto de las criaturas aquí en la tierra, encontramos múltiples similitudes desde su nacimiento hasta su muerte. Sin embargo, entre Dios y el hombre existen diferencias irreconciliables. Dios es eterno, pero el hombre tuvo un comienzo; Dios es infinito, y el hombre limitado. Dios es independiente, pero el hombre es dependiente de su Creador y del resto de lo creado. Sin embargo, a pesar de esas características tan disímiles unas de otras, en Cristo encontramos a Dios hecho hombre y, por lo tanto, una conjugación de cualidades no vistas en ningún otro hombre de la historia. Y pensar que esa es la historia que Él cambió.

El Cristo eterno se encarnó y tuvo un «comienzo» como Jesús aquí en la tierra. La segunda persona de la Trinidad, Jesús, que es ilimitado, supo ser confinado dentro de un cuerpo físico y dentro del vientre de una madre. Y el Dios independiente supo depender de agua, comida, sueño y demás, durante Su paso por la tierra. Su dependencia de Dios nos enseñó a depender.

Dios es inmortal, pero el Dios-hombre muere en la cruz y por medio de su muerte ha dado vida a muchas personas. ¿Cómo es que la muerte puede dar vida? Eso nunca es posible, a menos que sea Jesús quien muera. Jesús vio Su muerte como la hora de Su glorificación y a ese momento se refería cuando hablaba de que «mi hora no ha llegado». En la cruz, Jesús reivindica la justicia de Dios y expresa el amor y la gracia de Dios como nadie más había podido.

El Dios que sostiene el universo (Heb. 1:3) pasó a ser sostenido por el seno de una madre. Es increíble ver cómo el Dios omnipotente supo tener hambre y sed; y supo estar cansado. El Dios que tenía a Su disposición miríadas de ángeles supo dejarse apresar por algunos soldados para que aquellos que verdaderamente éramos prisioneros pudiéramos ser dejados en libertad. El preso dejó libre al prisionero.

El Dios soberano delante de quien han de doblarse las rodillas de todo el que existe en el universo pasó a ser obediente... El obedecido pasó a ser obediente y Su obediencia lo calificó para morir en nuestro lugar. Y desde entonces Su obediencia ha llevado a muchos rebeldes a ser hijos sometidos a Su voluntad. Él nos enseñó a obedecer y luego nos pidió que lo obedeciéramos. Su obediencia fue impecable para poder dar entrada a aquellos que desobedecemos la ley de Su Padre.

El amo que tiene siervos pasó a servir para que los rebeldes pudieran convertirse en verdaderos siervos y así conocer al amo. Nunca se ha visto que el amo muera por el siervo ni que el amo sea quien le supla a los siervos. Jesús no fue cualquier amo porque precisamente vino a redimir a Sus siervos y los redimió a precio de sangre... Su sangre.

El que lo posee todo (Col. 1:16) murió sin nada para que aquellos que no poseíamos nada llegásemos a heredarlo todo. Por eso Romanos 8:17 nos llama «coherederos con Cristo». Jesús cambió Su gloria por trapos de vestir, Su trono por una cruz, Su infinidad por la humanidad y el cielo por un pesebre.

El verdadero pan de vida y el que alimentó a multitudes experimentó hambre. Jesús vino a saciar el hambre espiritual del hombre y lo hizo no con pan de harina, sino con pan de vida. Él es el maná del Nuevo Testamento, la fuente inagotable de sustento.

El juez y dador de la ley pasó a ser condenado, para que los condenados pudieran llegar a ser libres... «Así que, si el Hijo os hace libres, seréis realmente libres» (Juan 8:36). Cristo vino a liberarnos de nuestros miedos e inseguridades, de nuestros hábitos pecaminosos, de nuestro orgullo, de nuestra vanidad y de nuestro vacío espiritual. Él soltó las amarras el día que le recibimos; ahora nos toca a nosotros caminar en libertad santa.

El que no conoció pecado fue hecho pecado por nosotros (2 Cor. 5:21) para que aquellos que nacimos en pecado un día estuviésemos limpios de culpa. Un Dios que es proclamado Santo, Santo, Santo (Isa. 6:3; Apoc. 4:8) es «hecho pecado» en la cruz y por lo tanto es tratado como si Él hubiese vivido nuestra vida para que un día nosotros que «somos pecado» fuésemos limpiados y tratados como si hubiésemos vivido Su vida. El Dios infinitamente santo fue tentado para que aquellos que sabemos cómo tentar aprendiésemos a soportar la tentación.

El Dios de gloria murió avergonzado, desnudo en una cruz, para que aquellos que vivimos en vergüenza pudiéramos un día entrar en Su gloria. Dios había revelado que nadie puede ver Su gloria y vivir. Sin embargo, deseando compartir Su gloria misma, Dios diseña un plan que implicaría que Su Hijo dejara a un lado Su gloria y fuera en busca de aquellos que habían sido destituidos de la presencia de Dios (Rom. 3:23) para que un día Cristo pudiera abrir el camino al hombre que lo llevaría de la corrupción a la gloria.

Cristo fue el tema de las profecías del Antiguo Testamento, pero al mismo tiempo Él es el profeta. Él es el Rey que recibe una corona de espinas para que nosotros en un futuro pudiésemos ser coronados. Él es la ofrenda en la cruz y la persona que la ofrece al mismo tiempo… Es el cordero y el sacerdote en una sola persona. Igualmente es Cordero y León a un tiempo.

Él nunca fue a la universidad, pero no ha habido nadie más sabio. No vivió más de 33 años, pero ha cambiado más vidas que cualquier otra persona independientemente de la edad alcanzada. Nació en un pesebre, pero hoy se sienta en el trono.

Jesús condena a los maestros de la ley por su pecado, pero deja en libertad a la mujer tomada en adulterio. Supo derribar las mesas de los cambistas y, al mismo tiempo, atraer a los niños.

Él es la piedra angular sobre la que se construye todo el edificio; pero es también la piedra sobre la cual se destrozan todos los que caen sobre ella (Mat. 21:44, piedra de tropiezo y piedra de construcción (Rom. 9:33).

En fin, Cristo es lo que nadie ha sido; posee lo que nadie tiene y promete lo que nadie puede. No hay nadie como Él; Él escribe la historia y la tuya también.

BIBLIOGRAFÍA

Aquinas, Thomas. *Summa Theologic*. Notre Dame: Christian Classics, 1948.

Boice, James Montgomery. *The Gospel of John*, 4 tomos, 2.ª edición. Grand Rapids: Baker Book House, 2001.

Boreham, Frank. *A Handful of Stars: Texts That Have Moved Great Minds*. Nueva York: The Abingdon Press, 1922.

Bowker, John. *Cambridge Illustrated History Religions*. Cambridge: Cambridge University Press, 2002.

Bromiley, Geoffrey W. *et al*. *The International Standard Bible Encyclopedia*. Grand Rapids: William B. Eerdmans Publishing Company, 1986.

Brown, Stephen. En *Christianity Today*. ed. 5 de abril de 1993.

Bruce A. B. *The Training of the Twelve*. Grand Rapids: Kregel Publications, 1988.

Bunn, Isabella D. *444 Surprising Quotes about Jesus*. Miniápolis: Bethany House Publishers, 2006.

Chambers, Oswald. *Christian Disciplines: Building Strong Character through Divine Guidance, Suffering, Peril, Prayer, Loneliness, and Patience*. Grand Rapids: Discovery House Publishers, 2010.

Demarest, Bruce. *The Cross and Salvation*. Wheaton: Crossway, 2006.

Edwards, James. *The Gospel according to Mark*. Grand Rapids: William B. Eerdmans Publishing Co., 2002.

Elwell, Walter A. Elwell, ed. *Evangelical Dictionary of Theology*. Grand Rapids: Baker Book House, 1984.

Foreman, Dale. *Crucify Him*. Grand Rapids: Zondervan Publishing House, 1990.

Garland, David E & Clinton E. Arnold. Luke, Exegetical Commentary of the New Testament. Grand Rapids: Zondervan, 2012.

Geisler, Norman. *Baker Encyclopedia of Christian Apologetics*. Grand Rapids: Baker Books, 1999.

Geisler, Norman y Frank Turek. *I Don't Have Enough Faith to Be an Atheist*. Wheaton: Crossway Books, 2004.

Green, Michael P. *Illustrations for Biblical Preaching*. Grand Rapids: Baker Book House, 1989.

Gundry, Robert H. *A Survey of the New Testament*. Grand Rapids: Zondervan, 2003.

Harris, R. Laird, Gleason L. Archer, Jr. y Bruce K. Waltke. *Theological Wordbook of the Old Testament*. Chicago: Moody Press, 1980.

Josefo, Flavio. *Antigüedades*, 4.8.15.

Koessler, John. *God our Father*. Chicago: Moody Press, 1999.

Kuwornu-Adjaottor, J.E.T. & P. Yankyera. «The Meaning and Significance of TETELESTAI in John 19:30», en American Journal of Academic Research, Vol.1, n.1, 2016: A1-11

Lane, William. *e Gospel of Mark, e New International Commentary on the New Testament*. Grand Rapids: William B. Eerdmans Publishing Co., 1974

Lutzer, Erwin W. *Christ Among Other Gods*. Chicago: Moody Press, 1994.

Lutzer, Erwin. Cries from the Cross. Chicago: Moddy Press, 2002.

_____. *La decepción de Da Vinci*. Grand Rapids: Editorial Portavoz, 2005.

MacArthur, John. *El asesinato de Jesús*. Grand Rapids: Portavoz, 2004.

_____. *Slave: The Hidden Truth About Your Identity in Christ*. Nashville: Thomas Nelson, 2011.

_____, *Ephesians*. Chicago: Moody Press, 1986.

McDowell, Josh. *Evidencia que exige un veredicto*. Grand Rapids: Vida, 1982.

McDowell, Josh y Don Stewart. *Handbook of Today's Religions*. Nashville: Thomas Nelson Publishers, 1983.

Moore, Mark E. *The Chronological Life of Christ*. Joplin: College Press Publishing, 2007.

Morgan, Robert J. *Stories, Illustrations & Quotes*. Nashville: Thomas Nelson Publishers, 2000.

Moore, Russell. *Tempted and Tried*. Wheaton:Crossway, 2011.

Morris, Henry. *The Biblical Basis for Modern Science*. Green Forest: Master Books, 1985.

Morris, Leon. *El Evangelio según Juan*, 2 tomos. Barcelona: Editorial Clie, 2005.

Nichols, Stephen. *Pages from Church History: A Guided Tour of Christian Classics*. Phillipsburg: P & R Publishing, 2006.

Payne, J. Barton. *Enciclopedia de profecía bíblica*, 2 tomos. Barcelona: Editorial Clie, 1993.

Pentecost, J. Dwight. *The Words and Works of Jesus Christ*. Grand Rapids: Zondervan Publishing House, 1981.

Phillips, Richard D. *John*, Vol. 2, Reformed Expository Commentary. Phillipsburg: P & R Publishing, 2014.

Pierson Arthur T. *Many Infallible Proofs*, tomo 2. Grand Rapids: Zondervan, s. f.

Pink, Arthur W. *Exposition of the Gospel of John*. Grand Rapids: Zondervan Publishing House, 1945.

Ridenour, Fritz. *Entonces, ¿cuál es la diferencia?* Lake Mary: Casa Creación, 2005.

Ryken, Philip G. *Luke, Reformed Expository Commentary*, Volume 1. Phillipsburg: P&R Publishing Company, 2009.

Ryrie, Charles C. *Teología básica*. Miami: Editorial Unilit, 1993.

Sanders, Oswald. *Liderazgo espiritual*. Grand Rapids: Editorial Portavoz, 1995.

Scroggie, W. Graham. *A Guide to The Gospels*. Grand Rapids: Kregel Publications, 1995.

Sproul, R. C. *La gloria de Cristo*. Miami: Editorial Unilit, 1991.

_____. *La santidad de Dios*. Miami: Editorial Unilit, 1991.

Spurgeon, Charles. *John*, Spurgeon's Sermons by each book. Grand Rapids: Zondervan, 1966.

Strobel, Lee. *The Case for Christmas*. Grand Rapids: Zondervan, 2005.

Thayer, Joseph H. *The Thayer's Greek-English Lexicon of the New Testament*. Peabody: Hendrickson Publishers, 2014.

Warfield, Benjamin B. *Studies in Theology*, Vol. IX. Grand Rapids: Baker Books, 1932.

Wiersbe, Warren W. *Bible Exposition Commentary*. Wheaton: Victor Books, 1989.

Wilkinson, Bruce y Kenneth Boa. *Talk Thru The Bible*. Nashville: Thomas Nelson Publishers, 1983.

Zacharias, Ravi. *Jesús entre otros dioses*. Nashville: Caribe Betania Editores, 2002.

Zacharias, Ravi y Norman Geisler. *¿Quién creó a Dios?* Miami: Editorial Vida, 2007.

COALICIÓN POR EL EVANGELIO es una hermandad de iglesias y pastores comprometidos con promover el evangelio y las doctrinas de la gracia en el mundo hispanohablante, enfocar nuestra fe en la persona de Jesucristo, y reformar nuestras prácticas conforme a las Escrituras. Logramos estos propósitos a través de diversas iniciativas, incluyendo eventos y publicaciones. La mayor parte de nuestro contenido es publicado en www.coalicionporelevangelio.org, pero a la vez nos unimos a los esfuerzos de casas editoriales para producir y colaborar en una línea de libros que representen estos ideales. Cuando un libro lleva el logo de Coalición, usted puede confiar en que fue escrito, editado y publicado con el firme propósito de exaltar la verdad de Dios y el evangelio de Jesucristo.

TGC | COALICIÓN